基础教育改革与教师专业发展丛书

基础教育改革与学生发展系列

教师如何引导孩子
走出厌学的误区

JIAOSHI RUHE YINDAO HAIZI
ZOUCHU YANXUE DE WUQU

杨　震◎著

安徽师范大学出版社

责任编辑：房国贵
责任校对：胡志恒
装帧设计：丁奕奕

图书在版编目(CIP)数据

教师如何引导孩子走出厌学的误区 / 杨震著.—芜湖：安徽师范大学出版社，
2013.9(2014.4重印)
（基础教育改革与教师专业发展丛书）
ISBN 978-7-5676-0318-9

Ⅰ.①教… Ⅱ.①杨… Ⅲ.①中小学生－学习心理学 Ⅳ.①G442

中国版本图书馆CIP数据核字(2012)第319345号

教师如何引导孩子走出厌学的误区
杨 震 著

出版发行：安徽师范大学出版社
　　　　　芜湖市九华南路189号安徽师范大学花津校区　　邮政编码：241002
网　　　址：http://www.ahnupress.com/
发 行 部：0553-3883578 5910327 5910310(传真)　　E-mail：asdcbsfxb@126.com
经　　销：全国新华书店
印　　刷：安徽芜湖新华印务有限责任公司
版　　次：2013年9月第1版
印　　次：2014年4月第2次印刷
规　　格：787×960　1/16
印　　张：13
字　　数：208千
书　　号：ISBN 978-7-5676-0318-9
定　　价：23.00元

基础教育改革与教师专业发展丛书编委会

主　　编: 王守恒

副 主 编: 阮成武　查啸虎　周兴国

编委会成员(以姓氏笔画为序):

王守恒　方双虎　龙文祥　江　芳　阮成武

孙德玉　何更生　吴　玲　辛治洋　张新明

欧阳俊林　周兴国　赵必华　查啸虎　段兆兵

姚运标　倪三好　郭怀中　郭要红　桑青松

闫蒙钢　鲁亚平　熊言林　樊彩萍

全国教育科学"十二五"规划教育部重点课题"学习困难学生长时记忆提取发展特点及矫正研究"(项目批准号:DBA120180)

内容简介

厌学顾名思义就是讨厌学习,是一种典型的心理疲倦反应,一种由于持续努力和精神紧张或长时间从事单调的学习活动引起的不适、厌倦状态。厌学是目前中小学生诸多学习心理障碍中最普遍、最具危险性的问题之一。首先,本书对学习与厌学进行了界定,简介了我国中小学厌学研究的现状,全面深入地分析了影响厌学形成的内外因素、厌学评估的目的和方法。其次,本书重点从厌学孩子的认知引导、情绪引导、学习行为引导三个方面介绍了大量实用性强、易懂易学、操作简单的厌学矫正的方法和策略。再次,本书在对厌学生与家长的关系、教师与家长的关系进行科学分析的基础上,提出了教师对厌学生的家庭教育进行有效引导的内容和途径。最后,本书提出了预防中小学生原生性厌学、迁移性厌学、干扰性厌学发生的总体思路,并介绍了大量方法和策略等。

总　序

　　"教育改革"在当下是一个出现频率非常高的概念,这种语言现象所反映的正是教育实践的客观现实。伴随着经济全球化、信息化和网络化的迅猛发展,世界范围的教育改革正一浪高过一浪,教育改革正成为一项持续不断的教育实践活动。可以说,变革已成为当代教育的一个典型特征。

　　同样,改革也是我国当代基础教育领域蓬勃发展的重要驱动轴。近年来,基础教育改革正在各个层面全面展开:在课程领域,综合课程、活动课程、微型课程、模块课程等正在逐步取得与学科课程同等的地位,并对促进学生的全面发展发挥着不可替代的作用;在教学领域,诸如探究式教学、互动式教学、学生自主学习、合作学习等一系列新的教学方式和学习方式也正在逐步取代某些传统的教学方式和学习方式,被师生广泛运用于教学过程之中;在德育领域,一方面,某些陈旧落后的德育理念和模式正在为人们所摒弃,另一方面,多种新的德育理念和模式正在受到教育理论工作者和实践工作者的广泛关注并在学校德育实践中进行尝试和经受检验;在教育评价领域,传统的评价理念和范式同样日益受到人们的质疑与批判,与此同时,各种新的评价理念和范式层出不穷并被师生普遍接受和运用。

　　基础教育改革不仅使学校生活、师生关系和课堂面貌等发生了重要变化,也向广大教育实践工作者提出了新的更高的要求。持续不断的基础教育改革,使每一个投身于教育实践工作的人都面临着一系列无法回避的挑战。这种挑战,既意味着教育实践工作者不得不正视和思考教育改革带来的各种新的问题,同时也意味着他们在面对不断变化的教育实践情境时,必须采取适当、合理的因应与行动。

教育大计,教师为本;有好的教师,才有好的教育。这既是基础教育改革实践的强烈诉求,同时也是理性认识基础教育改革所形成的共识。好的教师,才有可能既娴熟自如地驾驭教育教学活动,最大限度地促进学生的发展,同时又能够有效地应对社会和教育发展所带来的各种新变化、新要求,成为教育改革的参与者和"弄潮儿"。好的教师由何而来呢?也许人们对这一问题有着各自不同的认识,也许不同的教师其成长的过程和方式各有差异,但可以肯定的是,好的教师既需要经受教育实践的历练,需要教育实践给予其充分展现的机会,同时,也需要接受教育理论的滋养,需要对教育教学的本质和规律性有着正确的认知和把握。

与教育实践工作者相同的是,教育理论工作者也正在面对教改所带来的诸多挑战。基础教育改革的蓬勃展开,也必然会对教育理论工作者提出如何恰当地回应教育改革、如何研究和解决教育改革中出现的各种新问题、如何引领教育改革的发展方向等诸多问题。可以说,在教育改革持续展开的背景下,教育理论工作者正面临着双重任务:一是必须及时研究和探索教育改革中不断出现的新情况、新进展,发现制约改革的各种因素和变量,揭示和分析教育改革发生发展的特点和规律;二是必须观照教育改革参与者特别是中小学教师的实践诉求,通过对教育改革实践的理论阐述,引领他们更加理性、有效地处理改革实践中所遇到的种种现实问题。

　　我们欣慰地看到,当前,已有很多学者对基础教育改革的一系列重要问题进行了深入的研究和探讨,从多角度、多方位提出了诸多有关教育改革的真知灼见,展示了学者们对教育改革实践的理性认识。然而,如何将这些理性认识转变为教育改革实践的理性行动,却需要做一番综合与转化工作。所谓综合,就是要对不同的理论研究成果,根据教育实践的逻辑,重新进行组合与梳理,以形成更加适合于教育实践的知识体系;所谓转化,则是要通过对知识的再加工和再创造,将原本用于精确表达思想和观念的科学话语体系,转变成实践话语体系,从而更加适合教育改革实践的需要。而本套丛书所努力达成的,就是这样的一个目标。我们期待我们所做的综合与转化的努力,能够产生切实的实践效果。

　　教育改革既涉及宏观层面,也涉及微观层面。仅有宏观层面的努力而缺失微观层面的配合与行动,教育改革不可能取得成功。宏观层面的教育改革主要是由政府来决定和实施,而微观层面的改革不仅需要政府的介入,更需要教育实践工作者的实际行动。我们编写这套丛书,主要的目标是指向微观层面,指向中小学教师的教育教学实践。丛书涉及当前基础教育改革和教师专业发展的诸多领域,主要针对当前基础教育改革和教师专业发展中所遇到或将要遇到的一系列问题而编写,以问题作为研究和讨论中心。我们期望通过聚焦教育改革实践中遇到的各种实际问题,借鉴中外教育改革的研究成果和成功经验,为教育实践工作者正确地认识和把握这些具体的实际问题提供指导和帮助。

　　本丛书主要包括教师专业发展系列、基础教育改革与学生发展系列、新课程教学探索系列、班主任工作系列、心理健康教育系列、教师专业标准系列等,读者对象主要是广大中小学教师。丛书的定位是理论与实际有机结合、介于学术著作和通俗读物之间,既注意吸收相关学科领域的最新成果,反映教育教学研究的前沿动态,又注重贴近中小学教师的工作和生活,对目前我国基础教育的实际以及教改实施与进展的状况进行分析和探讨,注重解决读者在实践中遇到的问题或困惑,努力做到科学性、前沿性、实用性的统一。丛书内容通俗易懂,深入浅出,每册书在内容上不求大而全,不求面面俱到,而是突出重点,将关注教师的需求放在第一位,尽可能为他们提供有针对性的思想和理论的引领,给他们以实践操作的启发。

我们相信本套丛书的出版,能让广大一线中小学教师获得所需的知识和有益的启示,对学校的进步、教师的发展和学生的成长发挥建设性的指导作用,为促进教育改革和教师发展增添些许动力。我们也期待着本丛书的出版,能够为师范院校相关学科的教学与研究提供更为丰富的素材,从而推动教师教育质量的不断提升。

编委会

二〇一三年一月

前　言

　　你可能会因为如下的原因打开这本书:很想做一名优秀教师,但又苦于面对一些厌学的孩子不知该怎么办。对厌学生的无奈,或许你有心无力而心存凄凉,导致情绪耗竭,产生职业倦怠;或许你尝试改变厌学生的想法颇多,但由于缺乏理论支撑,又不敢贸然尝试;或许你自己及朋友的孩子正在闹情绪,不想上学了,而你却无计可施;或许你懂一些孩子的心思,可是每个厌学的孩子到底为什么厌学,哪些孩子可能是相似的原因,你就弄不清了;或许你看到很多家长正为孩子厌学而痛苦不堪、忧心忡忡,而你也在为那些孩子的前途担忧等。

　　如果这样的挣扎已经有一段时间的话,那么你可能会深受无数"为什么"的困扰:为什么会有那么多孩子不喜欢学习,到底什么原因导致他们厌学? 为什么让孩子重新喜欢学习那么难? 为什么一些品学兼优的学生也会厌学? 为什么家长和教师不能更早发现问题以防止孩子厌学? 正是这些为什么,让我们一时找不出任何固定答案,才会进一步导致我们面对学生厌学而束手无策。

　　正因为如此,本书提供了大量有益的策略,告诉你如何帮助厌学生走出困境的诀窍。在对厌学以及厌学形成影响因素进行清晰阐述的基础上,从认知、情感、行为三个方面给出了孩子厌学的矫正方法。这些方法不但实用性强,而且易懂易学、操作简单,适合缺少相关知识的中小学教师掌握,并将其运用于学生的引导工作。在此基础上,本书对教师怎样帮助家长应对孩子厌学给出了一些指导内容和途径。同时,本书对孩子常见的三类厌学方式提出了具体的预防措施。

　　另外,我们还对读者提出三点建议。首先是希望你专注地检查自己的方法,利用本书去探索厌学真相的同时,还希望你撇开别人的期待、周

1

围世界对你的要求以及长期以来学习到的所谓的正确的东西,因为在尝试这些方法的时候,你得靠自己的体验来判断本书中所描述的方法能否使学生远离厌学。尽管我们所介绍的方法和策略都是经过实践检验的,但你的体验是最真切的底线,是检验这些方法能否适合你自己学生的有效路径。

第二点建议就是你要坚持下去,积极地执行本书的内容。当然这是一段让人感到崎岖和颠簸的旅程,因为在实践中你会遇到各种特殊的意想不到的情况。只要你坚持下去,真正地试行我们提供的方法就会成功。有些方法尽管很重要,但如果你没有学习和使用这些方法的话,就无法评估这些方法的正确性,对其重要性也无从得知。

最后是希望你借助这本书使自己的教育生涯有所不同,相信它能帮助你做到这一点。即在阅读时希望你能对这样的可能性保持开放的心态,并能对随后问题给予肯定的回答:当你在学习和体验这些方法的时候,是否会将自己的真实体验带入其中?只有使用这些方法,才能使你的教学充满成功的可能性。

目　录

第一章　厌学概述

第一节　学习与厌学

一、学习的含义

（一）广义的学习定义

在我国,学习是由"学"和"习"两个字组成的合成词。最先把这两个字联在一起讲的是孔子。孔子云:学而时习之,不亦说乎？学了之后及时、经常地进行温习和实习,不是一件很愉快的事情吗？按照孔子和其他中国古代教育家的看法,"学"就是通过闻、见与模仿获得信息、技能,主要指接受感官信息与书本知识,有时还包括思想的含义。"习"是巩固知识、技能的行为,一般有三种含义:温习、实习、练习。"学"偏重于思想意识的理论领域,"习"偏重于行动实践方面。学习就是获得知识,形成技能,培养才智和道德品质及行为习惯的过程,实质上就是"学、思、习、行"的总称。

当代教育心理学这样定义:学习是指人和动物在生活过程中,因经验而引起的行为和心理倾向的比较持久的变化。这一定义尽管非常简练概括,内涵却非常丰富。对这一定义的理解主要包括四个方面:

第一,学习表现为个体行为或行为潜能的变化。这说明通过学习不仅使个体发生外部行为的明显改变,也使其出现难以直接观察到的内在的变化。如因接触某些对象和情境而使学习效能明显提高的潜伏学习和内隐学习就属于学习的范围。

第二,学习所引起的行为或行为潜能的变化是相对持久的。如因疲劳、疾病、药物或习惯而造成的动机和反应能力下降等临时性的行为变化都不属于学习。

第三,学习所引起的行为或行为潜能的变化是因经验的获得而产生的。这就要求学习者的亲身经历,包括不断地练习和强化等,应该排除因为成熟发展等遗传因素导致的行为变化。

第四,学习是人和动物所共有的一种对环境的适应现象,但又要注意人类学习与动物学习的本质区别。

(二)狭义的学习及特点

狭义的学习专指学生的学习,在各类学校环境中,在教师的指导下,有目的、有计划、有组织地进行,并在较短的时间内系统地接受前人积累的文化经验,以发展个人的知识技能,形成符合社会期望的道德品质的过程。学生的学习特点主要表现为五方面。

1. 学生的学习以掌握间接经验为主

学生的学习内容主要是学习并掌握前人所积累起来的各门科学知识,即间接经验,也就是在较短的时间内接受人类的认识成果。学生的学习不需要也不可能事事从头实践。当然,学生为了更好地理解、巩固和运用所学知识,有时也会通过实践去获取一定的直接经验,但学生的实践服从于一定的学习目的,与科学家探索尚未发现的客观真理的实践活动是不同的。

2. 学生的学习是在教师有目的、有计划、有组织地指导下进行的

教师在学生的学习中起着极其重要的作用,教师通过系统地指导和传授,使学生的学习避免了许多弯路,从而能够在较短的时间内取得更有效的学习成果。

3. 学生学习的主要任务是掌握系统的科学知识、技能,形成科学的世界观和良好的道德品质

学生科学的世界观和良好的道德品质的形成过程,也是一个学习的过程,是在掌握系统的科学知识和技能的基础上,通过有计划、有组织的各种教育活动实现。

4.学生的学习是在学校班集体中进行的

现代教育主要采用的是班级授课制,学生的学习是在学校里某个班级中进行的。班集体这一特殊团体中的人际交往、人际关系等对学生的学习有重要影响。

5.学生的学习具有一定程度的被动性

学生的学习与人类学习一样,应该是一个主动建构的过程。但他们的学习不是为了适应当前的环境,而是为了适应将来的环境。当学生意识不到他当前的学习与将来生活实践的关系时,就不愿为学习付出努力。因此教师要注意用各种方法培养和激发学生的学习动机,提高其学习的主动性和积极性。

总之,学生的学习既有人类学习过程的一般特点,又有其特殊性。如果不了解学生学习的特点,就可能使学生的学习成人化,事事要求直接经验;或是放弃指导,强调生活即教育;或是只注意灌输,把学生看作一个接受知识的容器、被动的学习者。这些做法都有碍于学生的学习。

(三)学习的作用

1.学习是人类生存的必要前提

学习是人类与环境保持平衡、维持生存和发展所必需的前提条件,也是适应环境的手段。人类为了生存和发展,必须通过学习获得和丰富个体经验。而后天习得的经验可帮助人们适应环境的相对迅速的变化,与先天本能相比,其作用显然要重要得多。譬如,一个人搬家到一个新的城市居住,他就要重新了解或掌握整个居住环境、周围的各种设施,知道到哪里可以买到食物、哪里可以乘坐公交车等。如果他不了解、不学习,就不能适应新的外界环境,也就无法生活得更好。

人类是地球上最高级的生命,生活方式极为复杂,固定不变的本能行为最少。人类绝大部分行为方式是后天习得的,因此,学习及学习能力在人类个体生活中起的作用当然是最大的。人类婴儿与初生的动物一样,独立生活能力和环境的适应能力都很差。可以说,离开了父母的养育,婴儿是无法生存下去的。但人类却具有无法比拟的学习能力,通过学习,人类可以迅速而广泛地形成适应环境的各种能力。如:通过种植谷物获得粮食,靠的是学习;战胜豺狼虎豹等猛兽,对付可怕的瘟疫,靠的也是学习。总的看来,人能够成为万物之灵,靠的就是学习。1972年联合国教科文组织国际教育发展委员会发表著名的研究报告,题为《学会生存——教育世界的今天和明天》,就把学习同生存直接联系在一起,可见学习对人类生存的重要性。在我国,读书学习是配置人的社会地位的重要依据。

2. 学习促进个人的成熟

随着年龄的增长,人的生理和心理会逐渐成熟。但成熟并不是完全脱离环境和学习影响的纯自然过程,学习对成熟具有重要的促进作用。

关于人类学习对成熟的促进作用,瑞士著名儿童心理学家皮亚杰认为,随着儿童年龄渐长,自然及社会环境影响的重要性也随之增加。因此,我们必须通过技能的训练来促进儿童的成熟。怀特关于初生婴儿眼手协调等动作训练的实验研究,说明了学习和训练对成熟的促进作用。怀特发现,经过训练的婴儿,平均在3个半月时便能举手抓取到面前的物体,其眼手协调的程度相当于未经训练的5个月大的婴儿的水平。这就说明了学习、训练对成熟的促进作用,即学习促进了潜能的表现和能力的提高。另外,有人研究聋哑人死后的大脑皮层,发现控制视听器官的部位趋于萎缩,而对先天盲人复明后进行测验,发现他们眼运动不规则,难以集中注意于一点,不能精确地区分圆形和正方形。印度狼孩卡玛拉回到人类社会时虽然七八岁了,但智力水平仅相当于6个月的婴儿;她死时大约16岁,其智力只相当于三四岁幼儿的智力水平。

所有这些研究与事实说明,早期的学习、训练以及相应的文化环境,对人的感觉器官和大脑等机体功能的发展、心理成熟都有着重要的影响。据此,对儿童的帮助,我们要以其身心成熟程度为依据,在合适的"生长点"上将恰当的学习内容、合理的训练方法和教育方式结合运用,促进其生理和心理的成熟。

3. 学习能提高人的素质

一方面,学习可以提高人的文化素质。现代社会中,没有一定文化素质的人不能算作真正健全的人,尤其是现代社会的新型人才,必须具有较高文化素质。人类在漫长的社会历史发展过程中创造了大量的物质文化和精神文化,特别是精神文化,如文学、艺术、教育、科学等方面的成果,需要我们通过学习去获得,以提高自己的文化素质,成为一个合格的现代公民。

另一方面,学习可以优化人的心理素质。一个现代社会的新型人才,应该具备诸多方面的良好心理素质,如高尚的品德、超凡的气质、敬业的精神、目标专一的性格、乐观向上的情感以及坚韧不拔的意志品质等。这些都可以通过学习和训练来达到。正如萨克雷所言:读书能够开导灵魂、提高和强化人格、激发人们的美好志向,还能够增长才智和陶冶心灵。

4. 学习使文明延续和发展

美国著名的民族学家、历史学家摩尔根认为,人类社会发展的历史可划分为三个时代,即蒙昧时代、野蛮时代和文明时代。蒙昧时代的人类世代相沿地生活在热带或亚热带的森林中,以野生果实、植物根茎为食。随着地壳的变化、气候的改变,人类不得不从树上移居地面,并学会使用火,学会制造和使用石器、弓箭等工具,还学会了捕鱼等生存的本领。到了野蛮时代,人类又学会了制陶术、动物的驯养繁殖和植物的种植等知识。这一时代的后期,还学会了铁的冶炼,并发明了文字,从而使人类历史过渡到文明时代。由此看来,人类文明的延续和发展,就如同一场规模宏大而旷日持久的接力赛:前代人通过劳动和生活获得维持生存和发展的经验,不断总结、积累、提高,形成知识和技能,传给后人;后人在学习前人经验的基础上,经过进一步丰富和提高,以适应时代与环境的变迁。如此代代传递,世界便形成了一部人类文明延续发展的历史。

由于人类文明在一定意义上存在加速发展的趋势,所以学习活动对人类社会发展的作用更加明显。18世纪的技术革命以蒸汽机的出现为标志。那时,格里沃斯、纽科门、瓦特等革新能手,通过学习掌握物理学、机械学等知识,再经过设计、制造、试验,最终发明了蒸汽机。19世纪的技术革命是以电力为标志。而这一新生产力的创造是无数人学习、创造的结晶。德国的赫兹发现了电生磁;法拉第发现了磁生电,建立电磁感应定律;麦克斯韦又建立电磁理论、麦克斯韦方程;西门子发明发电机;德普勒研制出高压输电技术等,从而促使人类进入电力时代。21世纪以电子计算机、原子能、空间技术为标志的新技术革命,又一次证明学习的巨大促进力。在这个信息时代,我们只要考虑一下这个事实:以极便宜的价格买到性能优良的个人电脑,自由地在网上漫游,不出门而立知天下事,就不能不惊诧于科学技术给现实生活带来的巨大变化,不能不心悦诚服地承认学习对我们人类的文明与进步的重要作用。

二、什么是厌学

众多调查资料表明,厌学是中小学生诸多学习心理障碍中最普遍、最具危险性的问题,是青少年最为常见的心理问题之一。学生厌学不仅影响其自身的健康成长,而且会给他人的进步带来严重威胁。如何让学生远离厌学已成为很多老师和家长的心头大患。

(一)厌学与厌学生

1. 厌学的定义

厌学顾名思义就是讨厌学习,是一种典型的心理疲倦反应,即由于持续努力和精神紧张或长时间从事单调的任务引起的不适、厌倦状态,表现为不良心理,表征为消极的定势、低自我概念、低自我效能感(自卑)、低成就动机。厌学属于学习行为障碍之一。厌学情绪是逃学行为的主要原因之一,而逃学行为往往是厌学情绪的极端表现。人们常把逃学和厌学联系起来。

厌学按其程度,可以划分为一般厌学情绪和厌学症。

一般厌学情绪是一种正常的不良情绪或者说是一种常见的消极情绪。厌学情绪主要表现为发牢骚,抱怨学习"太累",有不愿意学习的想法,偶尔不写作业,上课开小差,逃课等。这类厌学情绪和行为通常是暂时性的,学生完全可以通过自我调节来克服。一般厌学情绪不会影响正常的学习,有时反而是学生内心压力的一种发泄、一种自我调节。

厌学症则与一般厌学情绪不同,表现为认识上存在偏差,情感上消极对待,行为上主动远离学习、人际关系不良等。它具体表现在四个方面:①心理特点:学习目的不明,对学习毫无兴趣,厌恶学习,害怕考试,怕排名,憎恨上课、老师和学校等;②行为特点:不认真听课,不完成作业,经常违反课堂纪律,旷课,逃学,甚至辍学;③生理上出现的一些症状:头痛、胸闷、心慌、气短等,严重的一提到学习或学校就恶心、头痛、脾气暴躁,甚至歇斯底里等;④社会性特点:对老师和家长提出的学习要求,常故意抵触,甚至对立。因此,他们常和老师、家长发生冲突,导致人际关系紧张。厌学症的学生感到只有离开学习才能达到心理平衡,因此很少把精力放在学习活动上,从而无法从事正常的学习活动。

2. 厌学生的定义

厌学生是指具有厌学心理的学生,即那些对学习存在认知偏差、情感消极、行为上远离学习活动的学生。调查和有关测验证明,厌学生和一般学生相比智力差异小,而在动机、兴趣、性格、意志、情感等非智力因素及基础知识方面差异大,他们具有一般学生同样发展的潜能,只是由于某种原因,他们在经历了反复的挫折和长时间的失败以后形成了失败的心态,而成为厌学的学生。其大致包括四类学生:第一,对各科学习都失去兴趣而不愿意继续学习的学生。第二,"学科性厌学"生,即学习者只对特定的学科学习产生厌烦情绪反应。第三,因不努力导致学习成绩差,但又毫不在乎的学生。第四,在学校的学习完全是盲目被动混日子的学生。

特别值得关注的是,厌学并不是成绩不好的学生的"专利",很多成绩好的学生,甚至老师和家长眼中所谓的尖子生,也存在比较严重的厌学心理。如张丽珊在《与厌学孩子的心灵对话》一书中介绍的很多案例都是曾经道德品质和成绩非常优秀的孩子,他们的经历向老师的教育教学提出了挑战,也必定会引起家长和老师的深刻思考。

(二)厌学的类型

厌学的表现是非常多样的,分类标准的差异也导致了厌学分类的多元化。

1. 显性厌学和隐性厌学

显性厌学是指学生产生厌学心理,并在行为上明显暴露出来,如不听课、不完成作业、沉迷于学习以外的活动等。一般情况下,对于显性厌学表面上好似很棘手,但实际上不难解决,毕竟我们能较容易地发现厌学问题。

隐性厌学就是没有明显厌学表现的厌学。很多孩子表面上看还很用功，每天埋头于书桌旁，但就是成绩上不去，甚至越努力成绩反而越差。此时，我们就要想到该孩子可能属于隐性厌学。这种情况下，很多家长和老师就会在沮丧情绪中接受"现实"，放弃了解决问题的努力。而事实上，努力学习的学生成绩上不去有两种可能。第一种可能是，他的"努力学习"只是给家长看的，装装样子，在家长看不到的地方，他一直在从事着与学习无关的活动。其实，这种情况还是属于显性厌学，只是表现形式比较隐蔽，可能是学生害怕家长和老师的批评或惩罚吧。第二种可能是，学生真的努力学习了，希望博得家长和老师的认可与赞许。但其努力就是得不到相应的回报，这致使自己很沮丧，甚至绝望。这种情况就属于隐性厌学。这类学生在意识层面上对学习保持着正面积极的看法，但在潜意识中却对学习没有兴趣，甚至非常反感，他们只是为了实现学习的功利性目的在强迫自己学习。

2. 原生性厌学、迁移性厌学和干扰性厌学

杨大宇根据引发厌学的原因，把厌学划分为三类。

原生性厌学是最为单纯的厌学现象，是指由于学习内容本身造成的厌学。学习内容过难、不适应老师讲课方式、课业压力过大、学习任务过于繁重、成绩持续下降等因素都会让孩子经受挫折，从而灰心失望，并进而产生厌学心理。对这类厌学，针对学习难点、学习节奏、学习方法、学习心理稍加调整，就可以使孩子从挫折感和无助感中走出来，重新恢复学习的斗志和欲望。

迁移性厌学是指由于学习以外的原因导致的厌学。所谓学习以外的原因主要是指人际关系压力。尽管这些压力与学习无直接关系，但由此引发的连锁反应却对学习间接产生影响，最终导致厌学。与原生性厌学不同，迁移性厌学的危害远比原生性厌学大，因为受到损害的部分不仅仅是孩子的学习能力，还有他们的心理结构，如价值观、人生观、世界观等。原生性厌学的最坏结果也许只是成绩落后，让家长在孩子们的学习上多费些心。但迁移性厌学会影响孩子的心理健康、人格完整、道德价值观等，危害性较大。

干扰性厌学是指由于外在干扰性因素导致的厌学。虽然都是学习以外的因素导致的厌学，但是这种厌学与迁移性厌学不同，它并不带来压力传递,事实上孩子们在逃避压力。各种娱乐手段为孩子们提供了"避风港",成为谋杀孩子时间和精力的杀手。比如,有些家长为了联系孩子方便,给孩子买了手机,孩子就利用手机上网功能不断上网娱乐,使他们无法把时间和精力集中在学习上,最终导致学习落后而厌学。

虽然这三种厌学在性质上完全不同,并有着独立的成因、独立的表现形式和独立的影响,但它们之间也存在一定联系:原生性厌学导致的结果——学习成绩的下降,可能会引发亲子间或师生间的矛盾,并进而导致迁移性厌学。当孩子对学习彻底失去兴趣时,其他东西自然会吸引他们的注意力,或者他们自己会寻找打发时间的事情,孩子会陷入干扰性厌学。三种厌学现象可能单独发生,也可能会同时发生在一个孩子身上。

3. 克里斯托弗·科尼和安妮·玛丽·阿尔巴诺的分类

克里斯托弗·科尼和安妮·玛丽·阿尔巴诺认为,厌学产生的原因是为了逃避或想获得什么,他们据此把厌学划分为:为了逃避引发负面情绪的学校相关刺激而拒绝上学,为了逃避令人苦恼的社交或评价情境而拒绝上学,为了获得关注而拒绝上学,为了获得校外实质利益而拒绝上学。前两种情况是孩子出于负强化而厌学,孩子受到的学校相关刺激包括校车、体操馆、教室、操场、走廊等。孩子经常回避的学校相关社交情境有:和教师、校长交流,和容易表现语言、身体侵犯的伙伴交往等。常见的学校评价情境有考试、朗诵会、演奏会、运动会、演讲等。后两种情况孩子拒绝上学的原因是正强化,或是为了追求学校外的某种利益。许多年龄小的孩子是为了迫使家长给他们更多的身体亲近或关注,年龄大的孩子往往是为了获得一些实质性利益,如看电视、睡觉、运动、购物、与朋友在一起等。对这些孩子而言,不上学远比上学快乐得多。科尼和阿尔巴诺还认为,大约三分之一的孩子厌学是由于两种或更多的原因导致的。

4. 其他分类

从厌学程度上可分为:轻度厌学、中度厌学、重度厌学。从厌学归因上可分为:缺乏动力性厌学、学习障碍性厌学、身心状态不佳性厌学、人际关系不良性厌学、逼迫不堪重负性厌学、迷恋课外兴趣性厌学、退步失败绝望性厌学、疲倦性厌学、环境性厌学、学习压力大厌学等。这种分类是永远不可能穷尽厌学产生的原因的,所以这种厌学类型的划分缺乏逻辑性,彼此之间还有重叠等。

(三)厌学的危害

1.厌学直接导致学业不良,毁掉学生自己的未来

由于厌学生对学习存在认知偏差、情感消极、行为上远离学习活动,因此,他们的学习成绩一般都比较差。即便有些品学兼优的学生,只要产生厌学心理,成绩也会很快下滑,成为学业不良学生,即我们常说的"差生"。

无论什么时代,上学读书都是一条改变自己命运的重要途径。正值发育成长期的青少年是社会化的最佳期,个体成长所需要的知识、技能、道德品质、个性品质都在这一时期奠定基础。当孩子厌学或弃学时,就等于失去这一时期,也就几乎可以说他们毁掉了自己的未来。

2.厌学会阻碍心理的健康发展和个性的良好形成

专家研究表明:厌学者的心理健康水平明显低于乐学者,极易导致种种心理健康问题,如内向,情绪不稳定即表现出孤独、多思、反应缓慢、难以适应外部环境,焦虑、郁郁不乐、忧心忡忡、情绪反应强烈等。还有些不良性格特征,如性情古怪孤僻、对他人冷漠不关心、心肠冷酷等。由于对学习认识上的偏差,家长期望值太高,学校升学的压力,社会就业的竞争等因素,使厌学者整日生活在紧张不安、痛苦焦虑的消极情绪状态中,很难解决个体的学习行为与社会要求间的一系列矛盾。厌学者困于其中,难于自拔,导致心理失衡、疲劳,从而挫伤其自尊心和自信心,降低其自尊水平。同时,厌学者也有正常人的心理情感、良好人际关系的内在要求,但往往得不到老师和同学的肯定和爱护,在班级中常遭排斥、歧视,其归属感、接受支持和爱的情感长期得不到满足,自我价值感和社会安全感出现危机,长期如此,便易导致自卑、抑郁、敌对、偏执等心理问题,容易对人对事产生消极认知,过于敏感,不好交际,不信任他人,不能关心、理解他人,行为冲动倔强,难以适应环境等。

3.厌学可能会导致大面积教育质量下滑

厌学具有弥散性。学生错误的认知、不良的心理反应和人际关系等,易污染班级的学习气氛,传染周边同学,大面积地降低教育教学质量。

4. 厌学能摧毁家庭幸福

对于家长来说,孩子就是他们大部分幸福的来源,因为中国的很多家长都在为自己的孩子奋斗,从孩子出生一直忙碌到自己的晚年。然而,孩子作为家庭幸福指数高低的关键因素,不仅会给家长带来幸福,也会给家长带来痛苦。当孩子产生逆反心理,与家长对立甚至大吵大闹时,家长会痛苦;当孩子交了不良朋友、不听家长劝阻时,家长较为痛苦;当孩子学习成绩不良,讨厌学习,甚至决定放弃学业、自毁前程时,家长最痛苦。整个家庭的幸福被孩子的这种行为彻底摧毁,因为他们在放弃自己的希望时,也毁掉了家长们的未来。

5. 厌学给社会带来不良影响

由于厌学带来的弃学,会给社会造成不良影响:其一,影响了国家普及九年义务教育的圆满实施;其二,青少年肩负的是21世纪社会主义建设重任,文盲是不利于进行现代化建设的;其三,大量的弃学生流向社会,增加了社会治安负担,造成许多社会问题,给社会带来不安全因素。

第二节　中小学生厌学研究的现状

一、中小学生厌学现状

在中小学生的成长过程中,学习是他们第一位重要的任务,学习使其智慧,使其高尚,使其成熟。然而,在学习过程中遇到的种种困惑,却是阻碍他们健康成长的绊脚石。程华山等人对上海市4 649名中小学生心理问题现状调查表明,中小学生亟待进行心理辅导的心理问题,居前十位的是:学习动力不足、学习习惯不良、学习能力不够、注意力障碍、自控力差、自我中心、耐挫力低、学习焦虑、自卑和社交退缩,其中与学习有关的心理问题有七项,可见困扰学生最多的是学习心理问题,这些学习心理问题都可能成为学生厌学的祸根。

(一)中小学生厌学的总体状况

有关调查发现,我国有46%的学生对学习缺乏兴趣,33%的学生对学习表现出明显的厌恶,真正对学习持积极态度的仅有21%。中国青少年研究中心与北京师范大学曾于1998年做了一项关于"中小学生学习与发展"的大型调查,结果表明,因"喜欢学习而上学"的小学生仅有8.4%,初中生仅有10.4%,而高中生仅有4.3%。北京心理卫生协会在2000年8月召开的心理学专家理论研讨会上公布的一项调查结果也显示,中学生厌学率高达20%。刘明涛等人调查小学生1 000人,厌学286人,厌学率为28.60%;初中生800人,厌学339人,厌学率为42.38%。初中生厌学率高于小学生,差异有统计学意义。调查农村学生900人,厌学273人,厌学率为30.33%;城区学生900人,厌学352人,厌学率为39.11%。城区学生厌学率高于农村学生,差异有统计学意义。城区男生厌学率高于女生,差异有统计学意义;农村男生厌学率高于女生,差异有统计学意义。根据中国青少年研究中心提供的数据,目前国内的高中生中,有84.6%的学生有过"不想上学的想法";有10.1%的学生经常有"不想上学的想法"。这其中每一次"不想上学的想法"都是一枚可怕的定时炸弹,你无法预测它会在什么时候被引爆。

(二)农村中小学生厌学现状

据符秋韵对广西某县中小学厌学情况的调查显示:小学一年级学生厌学率为2.8%,二年级学生厌学率为4.5%,三年级学生厌学率为6.1%,四年级学生厌学率为7.9%,五年级学生厌学率为10.5%,六年级学生厌学率为21.7%;初中一年级学生厌学率为29.8%,初中二年级学生厌学率为38.4%,初中三年级学生厌学率达到43.5%。可见,随着年级的升高,厌学率越来越高,厌学情况越来越严重。另有调查显示,692名农村小学生中,厌学生为103人,厌学率为14.88%。被调查的男生总人数为384人,其中厌学人数为83人,厌学率为21.61%;女生总人数为308人,其中厌学人数为20人,厌学率为6.49%。经检验,男生厌学率显著高于女生。被调查的四、五、六年级的学生中,厌学比例分别为7.61%、13.16%、20.23%。经检验,男女生厌学率随年级升高而提高,并存在显著差异。

(三)城市中小学生厌学现状

孟四清等人采用自编《中小学生学习状况问卷》,对某市1 137名中小学生的厌学状况进行调查。结果表明:该市中小学生厌学的总体检出率为27.7%,中小学生的厌学问题存在着学段差异、学校类型差异、年级差异、毕业班与非毕业班差异、性别差异、家庭类型差异、不同学习成绩的差异以及地区差异,各类差异均达显著水平。陈静、张珊云在1999年6月对浙江宁波某区1 024名中学生的调查结果表明,初中生厌学率为46%,而高中生的厌学率为60.7%,其中女生厌学率高于男生。2007年在天津"未成年人保护状况课题组"对"天津市未成年人保护状况的调查"中,关于"未成年人的行为状况"中厌恶学习一项,"从无""偶尔"和"经常出现"分别占70.1%、24.8%和5.1%。关明杰等调查了某市的1 460名中学生厌学的基本情况,根据厌学的判定标准,筛查出厌学生623名,非厌学生837名,厌学率为42.7%;男生厌学率(48.3%)明显高于女生(37.1%),男女生厌学率有随年龄增大的趋势。

综合以上三个方面的调查研究结果,不难看出,它们存在着值得商榷的问题:第一,任何调查研究的共同局限,即被试取样的误差问题。各项研究的样本容量不一,不同地区、不同城市的教育水平和学生发展水平不一,厌学率调查结果自然有很大差别。因此,对这些调查研究结果的综合分析就显得非常必要。第二,口是心非的自我评价。这是自我展示的一种形式,每名中小学生都希望公开自己的优点,试图给别人留下好印象,而私下里他们并不这样认为。因此,我们估计实际的厌学率有可能比调查的结果还要高些。

二、厌学形成的相关因素及机制研究

洪明等人通过调查发现,中学生厌学形成的影响因素主要有:任课老师对学生有偏见,考试过于频繁,父母给的压力过大。徐能义等人通过调查,认为中学生厌学的影响因素有:学习目的不明确,学习缺乏兴趣,家庭教育不当(家长对子女过分溺爱或过分严厉),社会风气不良等。吴秋兰对某市一所中学488名中学生进行了调查,发现同学关系紧张、课堂秩序乱、学习目的不明确、重视金钱、毕业后不打算上高中、家中经济条件差、经常打电子游戏、作业多等因素与厌学情绪有明显的相关。

张晓明通过对90例厌学中学生和30名无厌学症状中学生进行脑功能状态和脑电α波竞争频的分布及熵值的对照测量检查发现,厌学者有一些特点:①脑电α波主频与次频之差缩小,且各脑区主频不一致或主次频交互现象较多;②熵值较大,脑电α波的能量分布分散;③心理能力不足,波优势频不明显,有序度低,熵值增大,大脑工作状态已处于饱和,接受信息的能力处于低水平程度。相关测量评价工具也有佐证。王冠军等人采用MMPI量表测出厌学生存在明显的神经质特质:学生组疑病症(Hs)、抑郁症(D)、癔症(Hy)量表分升高,两点编码模式大多为13/31。在10个临床量表中,男、女性相比较,女性的疑病症(Hs)、抑郁症(D)、癔症(Hy)量表原始分均高于男性,差异有非常显著性。

综上所述,目前关于厌学形成的相关因素及机制研究成果存在巨大分歧,显然不能为厌学矫正提供有力支持。因此,这方面研究还须大力加强。

三、厌学矫正的研究

大多数文献都是依据经验分析法,从宏观上提出了一些应对措施,主要包括:学生自身方面,要提高适应能力,正确定位自己,培养正确的压力观;家庭教育方面,家长要重视学生的学习生活,积极沟通,增进了解,相互支持;学校方面,要深入教学改革,调整教学内容,提升教师教学水平,开展学生思想教育工作;社会方面,要端正社会风气,形成积极的社会主流意识,重视大众传媒的作用,为学生形成积极进取的世界观和价值观创设良好的社会环境。为此,我们将厌学矫正划分为心理学模式和教育学模式。

(一)厌学矫正的心理学模式研究

1.良好心理素质的培养

由于中小学生的不良心理和人格特征与厌学心理、旷课、逃学行为高度相关,因此,加强对厌学生的心理素质教育,提高他们的心理健康水平,培养其健全人格对厌学心理的预防和矫正至关重要。

第一，认识自我价值，培养恰当的自尊心。

教育过程中，教师要用爱这把钥匙开启僵化的心灵，让厌学生重新认识自我价值，形成良好的自我意识，这是变厌学为乐学的重要一环。教师应努力发现厌学生所表现出来的良好、积极的学习态度和行为，从正面予以肯定，并不断强化，让他在前后比较中接受自我，认识到自己并非无药可救，而是能学好的，相信自己也是一个有能力、有前途、受尊重的人，从而改变自己无能的观念，重塑自尊。当然，对厌学生的评价必须客观、中肯、善意，不能讽刺或偏激，以免增加逆反情绪。厌学生对自我价值有了新的认识后，随即就要开始自我实践，这种尝试结果的好坏是他们能否彻底转变自己的关键。

要尊重厌学生，并培养他们的自尊心。教师需要更多地采用赞许、表扬、奖励、给予信任性委托等方式唤起厌学生的自尊心，并利用自尊心进行教育。要正确对待和热情帮助厌学生，防止一切伤害其自尊心的做法和事件的发生。培养和保护厌学生的自尊心，并非一味地强调个人的自尊心，如果片面强调个人的自尊心，那么就会导致学生只顾个人荣誉而不考虑集体利益，因此在培养学生自尊心的同时，还应注意激发其集体荣誉感。教师要为厌学生提供和创造集体活动的条件，使他们意识到自己的努力与班级、年级、学校等荣誉的关系，使其为损害集体荣誉的错误行为而产生内疚感，激励他们用自己的实际行动挽回集体的荣誉。

第二，建立成就感，培养兴趣，树立学习的信心。

兴趣是人类学习最好的老师。要想提高孩子的学习兴趣，首先要使孩子尝到成功的滋味，逐步建立成就感，就能逐渐激发学生的自信和好胜心。创设成功机会，让不同的学生在不同的学习活动中获得表现的机会。很多厌学生的厌学心理是由基础薄弱造成的，主要表现为学习自信心不强和毅力差。因此，教师应根据学生的实际水平组织教学，适当降低学习目标，低起点、慢步子、分层次使不同类型的学生都有获得成功的体验。例如，设问要简单、直接、具体，练习要分层次，尽量多采用直观教学法，以减少学生因学习能力问题而遭受学习上的挫折。另外，在班级中设立学习进步奖，给进步较快的学生以适当的奖励，可激发他们的学习热情,提高学习的自信心。当然也可以帮助学生确立自我参照标准,使学生从自身变化中体验自己的成功,在逐步积累成就感的过程中,培养学生的学习兴趣和学习的信心。

只有帮助厌学生去掉自卑感,才能恢复自信心。为此,教师应"一分为二"地看待厌学生,既要看到其消极的一面,又要看到他们积极的一面;应长善救失,帮助学生发扬优点,克服缺点;应引导厌学生自觉评价自己,进行自我教育,鼓励他们经常对自己的言行进行自觉的反省和反思,开展必要的思想斗争。

第三,培养孩子坚忍的意志品质等良好个性。

要想使孩子将来在事业上有所成就,坚韧不拔的意志品质是成功的保证。当孩子学习时,老师和家长要帮助孩子确定一个既有一定难度,又能完成的具体的目标,并应提供适当的奖励条件,鼓励、督促,使孩子为实现这个目标去努力。失败不灰心,成功不骄傲。要从小培养孩子不达目的决不罢休的顽强精神。

美国著名心理学家马斯洛认为:心若改变,你的态度跟着改变;态度改变,你的习惯跟着改变;习惯改变,你的性格跟着改变;性格改变,你的人生跟着改变。因此,良好的心态和个性品质是一个人做事能否成功的基础。例如,很多中小学生都有做事莽撞、急躁、轻率的性格特点,教师要教育他们在待人接物、处理问题时学会从多角度去思考,同时还要加强他们自制力的训练,从日常生活中的小事做起,学会抑制冲动,培养谨慎行动的习惯。还有一部分学生由于从小备受溺爱,因而缺乏独立性,遇事犹豫不决;或从小在家长严格管教下,形成循规蹈矩、缺乏主见的性格缺陷。这部分学生要摆脱依赖心理,在处事中提高自我决策能力,摆脱遇事问别人的易受暗示的境况,不断树立自强、自立的信心与勇气,做到遇事冷静、敢于行动、不怕失败。另外,还要注意培养孩子的开朗活泼的性格特点。罗曼·罗兰说:开朗的性格不仅可以使自己保持心情的愉快,而且可以感染你周围的人们,使他们也觉得人生充满了和谐和光明。

第四,培养学生的人际交往能力。

学生人际关系差,也是学生厌学的一个原因。由于学生来自不同的家庭,性格差异也很大,有些学生由于性格孤僻,不善交往,人际关系自然就差。如果老师和同学再对他们冷漠,他们就会孤独、不安、不良情绪甚至厌世情绪都会产生。因此,对这些性格存在缺陷的同学,要伸出友爱之手,主动关心他们,帮助他们,并培养他们人际交往能力,改善他们不良的人际关系。在班级管理和教育中充分发挥班级群体的作用,建立良好的师生关系和同学关系,增强班主任的感召力,努力做到关心每一位同学,特别是因某种缺陷而容易受歧视的学生。努力倡导同学间相互尊重、相互帮助、平等协商的处事原则,逐步培养他们与人进行交际的能力,改进他们对集体生活的适应能力。

2. 学习行为矫正

厌学症学生由于基础差,学习方法不当,致使学习效率低下,从而丧失了学习信心,厌恶学习。教师要矫正其厌学行为,必须注意学习方法的指导,并贯穿于预习、讲解、练习的全过程。例如,在矫正孩子因注意力涣散而引起的厌学情绪时,宗旨是要唤起孩子对学习的兴趣,方法有:①综合运用多种学习方法,减少注意涣散。如利用视觉——看书,利用动觉——写字,利用听觉——听写,眼手耳同时并用,提高学习效果。也可把几门功课的内容,交替进行复习。还可以使用讨论的方法和提问的方式进行学习。②在学习时,如果注意力分散,可做几次深呼吸或放松训练,使精神松弛,克服紧张情绪,重新定下心来学习。③当注意力不集中时,可到室外跑跑步或做做操10分钟左右,使头脑清楚,提高注意力。

3. 运用心理咨询技术干预

由于精神分析疗法周期太长,疗效不大确定,很多学者逐渐放弃了这一方法。近年认知行为疗法以其较好的疗效得到认可,主要有系统脱敏法、阳性强化法、暴露疗法等。例如,可用放松训练,逐级暴露或想象脱敏等方法帮助儿童返校。预演暴露和认知重组方法可提高厌学生社交技巧,减少社交焦虑,改变歪曲认知,达到返校上学的目标。

李拯提出利用意象对话技术,结合耶克斯—多德森定律进行干预。耶克斯—多德森定律是指学习效率和动机水平之间呈倒U型关系,当动机中等的时候学习效率会最高,当学习动机过强时反而会影响学习效率。研究者通过意象对话同来访者的潜意识对话,引导学生发现学习的兴趣和乐趣,使厌学心理得到改变。穆慧等人选择森田疗法,并用症状自评量(SCL-90)和自尊量表(SES)对厌学生进行了前后测,结果均显示差异明显,证明森田疗法对厌学的矫正也具有较好的效用。针对"潜意识条件性的厌学行为"的厌学生的干预策略,蔡丽建议采用"情感组织者技术",即"运用一个事件、目标等知识经验让学生先获得一种非常积极的情绪情感,然后借助这种情感的同化迁移作用,甚至达到对学习自信和喜欢的程度,以便建立后来的积极心理结构"。其操作方法是:当积极情绪被调动起来处于主导地位后,来访者因为头脑中的积极知识得到优势兴奋并运行而形成一种积极的思维活动过程,这种积极的思维活动过程在意识或者潜意识状态下,都会使当事人再看以往的一切事情都与原来有本质的变化,进而更加促使其形成运用积极知识思维的习惯和相应的行为方式,从而使其整个临床干预过程变得特别容易进行。基于认知改变策略的心理咨询干预方法的综合运用,傅安球基于实证研究证据,提出心理咨询干预对改善学生不良认知的积极意义,对厌学的矫正有积极作用。

(二)厌学矫正的教育学模式研究

1. 给厌学生营造良好的学习环境和氛围

要创设良好学习环境和氛围,首先不要"强迫"孩子学习。如果老师和家长对孩子学习逼得太紧的话,孩子会变得比较焦虑、不耐烦,在潜意识里会对学习产生反抗的情绪。孩子会变得容易遗忘,容易把刚刚学过的东西也忘掉。要注意赞美和鼓励。老师和家长必须懂得,语言赞美会对孩子的学习起到很大的鼓励作用。相反,批评过多,会使孩子情绪低落,学习时更易犯错误。

教学过程中,教师心中时时要装着厌学症学生,为其营造一个能广泛参与学习的机会。备课时要了解厌学生的知识结构,学习过程中做到五优先,即优先提问,优先答问,优先演算,优先批改,优先辅导;四经常,即经常考察,经常指导,经常鼓励,经常强化;三辅导,即教师辅导,家长辅导,优生辅导;二特殊,即设计特殊的作业,规定特殊的评比条件。这样,就能为厌学生营造一个能够积极参与学习的环境。

每个学生都是一块金子,都有他闪光的一面。教师应把教学与学生特长结合起来。其实特长与学习并不矛盾,因为它们可以相互影响。由于有特长、有兴趣,他们会经常受到来自学校和家庭的表扬和鼓励,从而增加他们的成功体验,其兴趣劲头也会潜移默化地迁移到学习方面来,增强学习的信心,逐渐承担起学习任务。因此,学校应该丰富校园生活,抓好音、体、美特长生训练,成立各科兴趣小组,常开展形式各异的课外活动,如体育比赛、歌咏比赛、书画展览等,给学生以展现才能的机会,让他们领略成功的喜悦,体验到自身的价值。

此外,可在班里树立几个好学的典范,带动其他同学学习。对班里好学的学生不管他们的成绩好坏,都要给予肯定和表扬。对好学而成绩不好的学生要加强学法指导,提高他们的学习效率。对扰乱、挖苦其他同学学习的学生要进行批评和教育,使整个班级形成一个良好的学习氛围。

2. 建立和谐的师生关系

师生之间应该民主、平等、积极合作,努力为课堂上的交往创造和谐的心理气氛。师生在人格上是完全平等的,所以,教师应改变过去的观念:将"你不会学习,我来教你学;你不愿意学习,我强制你学习"改为"你不会学习,我来引导你学;你不愿意学习,我来吸引你学习"。何谓吸引?就是使孩子乐意学习,使他们乐意参加到师生共同进行的教育教学过程中来,在教学过程中师生同步,达到"主体"与"主导"最佳结合,使孩子每分钟都成为快乐的、审美的享受。

情感教育对于密切师生关系是不可或缺的纽带。现在的中学生正处于自我意识急剧发展的时期,特别是独生子女,具有非常强的自尊心,他们希望教师能理解他们、关心他们、尊重他们。教师尊重学生的自尊心,归根到底是对学生人格的肯定和尊重,尊重他们的人格尊严和应有的权利,使他们能够在一种民主、和谐的气氛中学习生活,处处感到自己存在的价值。教师要正确对待学生的过错。对学生严格要求是对的,但一定要严而有理,严而有方,严而有度,严而有爱。教师要注意自身素质的培养,要严于律己,多让学生感受到一份爱心并公平地对待每一位学生。教师除了加强自身思想文化修养、提高教学水准、赢得学生的尊重外,还要遵循德育原则,晓之以理、动之以情、导之以行。尤其对"双差生",更要热爱、关心、理解他们,及时发现他们的闪光点,与他们交朋友、做知音,放下教者的架子,切不可动辄教训、讽刺、挖苦,甚至体罚或变相体罚。"爱是教育成功的一半"，只要师生关系密切了，学习积极性才能调动起来。

3. 建立和睦的家庭关系

青春期厌学生的矫治较困难，一般心理咨询辅导收效不明显，主要还是靠家长引导与调整。其基本对策是：①不宜过分催促上学，或每天都问"今天上学去好吗"等，更不宜打骂、斥责、体罚和强逼送学校。②详细了解孩子在校情况。③常与教师保持联系，告知孩子在家情况，并聆听老师的建议。④平时多听孩子叙述，哪方面的话题均可。⑤让孩子做些家务活，争取每天按时起床、吃饭和入睡。⑥布置一些简单的家庭作业，但不做也不要责备。⑦上班的父母要常打电话回来问候，侧面了解孩子在家干什么，但不作过多干涉。⑧带领厌学生逛街或征求同意下领到学校附近观察，并听孩子讲在学校的事情。当提出可以回学校时，家长不妨陪去几趟。⑨父母避免说有关学校、老师和同学消极意义的话，并且父母要注意自己的情绪，要保持快乐、安详，否则家长不良情绪或表情易引起孩子的焦虑与不安。⑩尽可能减轻或消除家庭环境致病原因。⑪尽可能让厌学生感受做事成功的体验和喜悦，做任何有积极意义的事情均可，经常约他们要好的同学来家一起玩耍和讲学校的事情。⑫特别注意以下情况，可能预示着心境障碍或抑郁，应给予抗焦虑或抗抑郁治疗。例如，有孩子说"一觉睡下再不起来就好了"，"活着真没意思"，"想死"，"我死了会怎么样"等；情绪起伏特别剧烈、易怒，父母无法安抚；食欲和睡眠规律发生较大改变，消瘦、生长发育停滞等。总之，矫正厌学可能是个相对漫长过程，父母或教师要有耐心和思想准备。

4. 集体引导与个别矫正相结合

对于一些共性问题，可以进行集中引导，如进行主题班会、专家讲座、学生座谈等形式。例如，在初中二年级下学期开始时，由于学生两极分化开始加剧，又面临着即将升入初三的压力，加上对学校、班级、师生、同学环境的熟悉，一些学生的厌学情绪容易变得明显，学习出现不同程度的浮躁情绪。这时可以在班内找出几个有代表性的学生进行座谈，比如发现他们的厌学情绪最明显地是在英语这门课上，然后可以根据学生厌学的具体情形，采取对策进行团体干预和引导，防止厌学心理进一步恶化。

对于一些厌学情绪比较明显、问题比较严重的学生，则需要个别矫正,针对孩子不同的情况制订不同的矫正方案。

综上所述,厌学情绪并不可怕,出现严重厌学情绪的孩子也并不是"无药可救",关键还在于教育者如何对他们进行耐心、细致的引导,即通过深入分析、针对性矫正,尤其是用爱来感化,从而帮助他们走过艰难的人生十字路口,保持其对学习的热情,并不是一件难事。

四、厌学研究中存在的问题

重视程度不够,研究水平有限。以大学中厌学情况为例,通过文献检索,我们发现1999年扩招之后,针对厌学研究的文献数量似乎有上升趋势,但与扩招之后厌学情况的急剧增长相比,发表的研究文献无论在数量上,还是在质量上,增长都是相对较慢的。

研究不规范,定量研究少。研究方法上,多数论文不规范,缺乏教育学和心理学科学的研究方法和研究程序。重复研究现象严重,我们所搜集的研究文献中有很多内容非常相似或相近。研究内容上,有很多论文没有明确分清厌学情绪和厌学症的不同,笼统而谈,一概而论。

通过对我国厌学研究现象理论与实践情况的梳理,发现现有研究存在着层次多,涉及学制范围广,但理论研究缺乏,心理学视角的研究少,应对厌学问题的文章广而不精,大多学者对厌学研究仍停留在较低的经验反思层面等问题,这也说明了需要进一步深化研究厌学现象的必要性和迫切性。

小 结

(1)学习是指人和动物在生活过程中,由经验而引起的行为和心理倾向的比较持久的变化。狭义的学习专指学生的学习,在各类学校环境中,在教师指导下,有目的、有计划、有组织地进行,是一种在较短的时间内系统地接受前人积累的文化经验,以发展个人的知识技能,形成符合社会期望的道德品质的过程。学生的学习以掌握间接经验为主,具有一定的被动性。学习不仅是人类生存的必要前提,而且使人类文明得以延续和发展,促进个体的成熟和提高。

(2)厌学是一种典型的心理疲倦反应,由于持续努力和精神紧张或长时间从事单调的学习任务引起的不适、厌倦状态。厌学对个人身心、家庭、学校教学、社会都具有较大危害。厌学按其程度,可以划分为一般厌学情绪和厌学症;从厌学程度可分为:轻度厌学、中度厌学、重度厌学;根据引发厌学的原因,把厌学划分为三类:原生性厌学、迁移性厌学和干扰性厌学;按照厌学的表现可以划分为显性厌学和隐性厌学;根据厌学产生的原因是为了逃避或想获得什么,把厌学划分为:为了逃避引发负面情绪的学校相关刺激而拒绝上学、为了逃避令人苦恼的社交或评价情境而拒绝上学、为了获得关注而拒绝上学和为了获得校外实质利益而拒绝上学。

(3)厌学生是指具有厌学心理的学生,指那些对学习存在认知偏差、情感消极、行为上远离学习活动的学生。在我国多被界定为对学校学习和生活失去兴趣、产生厌倦、持冷漠态度的"差生"。厌学生和一般学生相比智力差异小,而在动机、兴趣、性格、意志、情感等非智力因素及基础知识方面差异大。特别需要指出的是,一些品学兼优的学生也会厌学。

(4)对中小学厌学的干预可以采用心理学和教育学的模式。心理学的矫正模式包括:良好心理素质的培养;学习行为矫正;运用心理咨询技术干预。教育学的矫正模式包括:给厌学生营造良好的学习环境和氛围;建立和谐的师生关系;建立和睦的家庭关系;集体引导与个别矫正相结合。

(5)调查研究表明,中小学生亟待进行辅导的心理问题很多是关于学习方面的。总体上看,我国中小学生厌学现状并不乐观。通过对我国厌学研究理论与实践情况的梳理,发现现有研究存在着层次多,涉及学制范围广,但理论研究缺乏,心理学视角的研究少,应对厌学问题的文章广而不精,大多学者对厌学研究仍停留在较低的经验反思层面等问题,这也体现出进一步研究厌学现象的必要性和迫切性。

思考题

1.什么是学习？学生学习有何特点？

2.怎样理解厌学及其危害？

3.我国中小学生厌学现状如何？

参考文献

[1] 蔡丽.先行组织者技术在系统脱敏治疗中的应用与创新［D］.大连：辽宁师范大学,2006.

[2] 陈光磊,刘健,辛勇.学校心理辅导［M］.济南:山东人民出版社,1997.

[3] 陈利.学生厌学的心理分析及克服办法[J].教育科学,1995(2).

[4] 陈铭扬.浅析中学生逃学现象[J].四川工程职业技术学院学报,2007(5).

[5] 陈岩.对中学生厌学心理的思考[J].中学教学参考,2012(6).

[6] 方双虎.农村初中学生乐学与厌学的对照研究[J].吉林教育科学:高教研究版,1997(6).

[7] 傅安球,聂晶,等.中学生厌学心理及其干预与学习效率的相关研究[J].心理科学,2002(1).

[8] 高冬秀.学生厌学的心理及环境对策[J].唐山职业技术学院学报,2003(1).

[9] 关明杰,徐能义.包头市昆区中学生厌学状况及其影响因素[J].中国学校卫生,2002(6).

[10] 郭志芳,盛世明,郭海涛.农村小学生厌学现状及影响因素[J].教育学术月刊,2011(9).

[11] 郝明君.中小学生厌学现象的文化分析[J].中国教育学刊,2009(6).

[12] 洪明,吕三三.中学生厌学行为的成因分析及对策——以贵州省中学生为例[J].淮北煤炭师范学院学报:哲学社会科学版,2004(6).

[13] 静进.儿童青少年厌学和拒绝上学的诊断与治疗[J].中国实用儿科杂志,2007(3).

[14] 雷雳,汪玲.目标定向在自我调节学习中的作用[J].心理学报,2001(4).

[15] 李景骏,李雪梅.浅谈初中学生厌学心理产生的原因及对策[J].四川教育学院学报,2001(6).

[16] 李拯.走出厌学的阴影—— 一例应用意象对话技术对职业高中生厌学的辅导[J].中小学心理健康教育,2008(21).

[17] 立青.教师应引导家长走出教育误区[J].广西教育,2012(5).

[18] 林振庆.初中生厌学心理的探析及对策[J].现代阅读,2012(6).

[19] 刘明涛,梁爱红,等.东营市东营区城乡部分中小学生厌学现状调查[J].预防医学文献信息,2003(6)..

[20] 刘瑞贤.大学生厌学现象的深层诱因[J].中国青年研究,2008(8).

[21] 刘卫.中学生厌学情绪分析及治疗干预[J].中国民康医学,2012(5).

[22] 马金祥,王水玉.学生厌学的环境诱因及防治策略[J].教育探索,2005(5).

[23] 茅育青.学习的倦怠之原因与对策研究[J].心理科学,2007(3).

[24] 孟四清,陈志科,等.天津市中小学生厌学状况的调查[J].天津市教科院学报,2009(3).

[26] 穆慧,韩翠萍,韩凯吉.作业疗法治疗厌学中学生心理障碍效果分析[J].精神医学杂志,2007(5).

[27] 钱平.对中职学生厌学行为的调查分析与对策研究[J].中国职业技术教育,2009(2).

[28] 覃甲英.农村小学生厌学心态的成因和应对策略[J].小学教育参考,2008(8).

[29] 王冠军,景艳玲,石少波.57例厌学中学生MMPI测试分析[J].山东精神医学,2005(3).

[30] 吴秋兰.中学生厌学情绪及影响因素分析[J].安徽预防医学杂志,2000(6).

[31] 徐能义,李香兰,关明杰.包头市1 460名中学生厌学及其影响因素调查分析[J].包头医学院学报,2002(3).

[32] 杨大宇.破除厌学的魔咒[M].重庆:重庆出版社,2011.

[33] 张春杰.儿童厌学现象分析[J].南昌教育学院学报,2010(3).

[33] 张晓明.大脑功能及α波优势频分析在厌学青少年的应用[J].中国健康心理学杂志,2008(9).

[34] 朱爱所,张彩芬,史秀琴.初中生厌学情况的调查报告[J].山西大学学报:哲学社会科学版,1994(2).

进一步阅读文献

[1]《孩子厌学治疗师指南/父母自助手册》

导读：本书为美国心理学家克里斯托弗·科尼和安妮·玛丽·阿尔巴诺合著，彭勃译，中国人民大学出版社2010年出版。该著作从咨询师和家长两个视角对孩子拒绝上学的原因进行了分析，并提供了四类典型厌学孩子的详细的矫正方案，具有较好的示范性和启发性。

[2] 网络资源

互动百科：厌学症的有关材料

网址：http://www.hudong.com/wiki/厌学症

简介：该网页对厌学的成因、症状、矫正方法、典型案例进行了全面的介绍，值得想了解厌学现象的人士学习。

第二章　厌学形成的影响因素与评估

第一节　厌学形成的影响因素

儿童大多对新事物充满好奇心，愿意探究，乐意学习。但有些儿童就是不爱学习，表现出厌学心理和行为。为什么会出现厌学现象呢？作为教育工作者，我们希望能够找到导致学生厌学的具体原因，并依此采取有效措施进行相应的干预，把厌学生从厌学的深渊中拯救出来。一般情况下，在探索厌学形成的原因时，我们不妨从内部因素和外部因素两个方面考虑。

一、导致厌学的内部因素

导致厌学的内部因素应该是能够影响学习的因素。教育心理学的理论告诉我们，影响学习的内部因素也就是个体因素，包括生理因素、心理因素两个方面。其中心理因素又包括智力因素（原有认知结构、认知发展水平、智力差异、认知风格、学习策略等）和非智力因素（学习动机、目的、意志、情绪、勤奋、谦虚、专注、兴趣、方法等）。例如，很多孩子上课坐不住，注意力不集中，成绩差；做数学题不能举一反三，脑子总是转不过弯；不管怎么努力，成绩总也上不去，徘徊在班里的中下水平。相信这些是目前很多家长都感到头痛的问题。当孩子遇到这些学习方面的困扰时，作为教师应该懂得从学生的生理方面、学习所需要的智力方面、非智力方面对导致孩子在学习上出现"困难"或者"障碍"的原因做出合理准确的分析。因此，当遇到学生厌学时，我们可以从生理、心理等方面考虑，看看到底是哪些因素导致了厌学的发生。

（一）生理因素

1. 身体疾病

身体是革命的本钱。同样，学习也需要健康的身体作为必要保证。例如，有的学生因头痛睡不好觉，严重影响了学习；有的学生因视力不好，看不清黑板上的板书而影响上课的效果；有的学生因生病"三天打鱼，两天晒网"，使学习的连续性被破坏。可见，身体不好会经常中断学习过程，降低学习效率，这是导致厌学发生的一个重要因素。因此，教育学生必须爱护身体、锻炼身体，使其保证自己能长期顺利地进行学习。尽管会有一些身体差但学习仍然不错的学生，但我们应该看到，他们发挥了自己学习上的其他长处，弥补了身体差的短处，为此付出了比健康人更多的意志上的努力。如果身体健康，他们本应该取得更好的成绩。

2. 早餐膳食结构不合理

充足、合理的热量摄入应建立在合理膳食结构基础上。一般来说，午餐和晚餐基本上能满足中小学生对热量的需要，但早餐就存在较大的问题。例如，早餐吃一个鸡蛋、一块面包、一点小菜，热量可以维持到十点半左右，此时再补充一杯牛奶，就可以维持到十二点。假如孩子早上七点吃一碗皮蛋瘦肉粥，其实到了八点五十分就饿了。大脑出现低血糖时，孩子就会表现出注意力涣散，记忆力下降，而且年龄越小，大脑对血糖下降的耐受性就越差。如此下去，学生会因为学习效率下降，导致考试失败，失去学习兴趣，最终会发展成为厌学生。可以说，科学的早餐是提高学习效率的关键之一。因此，早餐一定要吃，而且要吃好；不仅要吃主食，还应补充些蛋、奶、肉等食物，以补充脑力劳动需要的蛋白质和脂肪，只有这样才能上好课。下面是几种常见的不合理早餐，家长和老师们应引以为戒：

其一，随意性早餐。剩饭、剩菜等做成的炒饭或者汤饭，这种早餐在数量和质量上都不够。

其二，蛋白质型早餐。牛奶加鸡蛋，早餐全部都是蛋白质，缺乏碳水化合物，孩子整个上午血糖都处在相对稳定的低水平状态。

其三，碳水化合物型早餐。馒头、粥等，缺乏蛋白质，虽然开始的时候血糖水平高，思维活跃，精力充沛，但维持不久血糖就迅速下降。

3. 营养不良和营养过剩

虽然现在营养不良的现象较少见,但低体重的孩子还是可以经常看到。有些高个子的孩子,身材像豆芽,体重通常达不到标准。营养不良和低体重对身心发育都有不良影响,会出现思维不活跃、创造力低下、外环境适应性差、抗疲劳能力下降等现象,很难激发强烈的学习积极性。孩子的体重偏低与其生活饮食习惯有很大的关系,偏食、挑食、过多吃零食都是原因。

另一方面,现在的很多孩子由于营养过剩而导致肥胖。很多家长认为,孩子长得白白胖胖很可爱,希望孩子能多吃点、长胖点。其实,许多家长不知道肥胖不仅对孩子的生长发育有影响,而且对孩子的学习也有较大影响。由于体形肥胖、行动不便,往往和外界环境接触少,创造性受到压抑。由于持久性耐力下降,所以很多肥胖的孩子体育成绩不达标。不仅如此,肥胖导致心肺生理机能和抗疲劳能力低下。更为严重的是,肥胖的孩子往往受到其他学生的排斥和取笑,其心理受到压抑,容易产生情绪和行为问题。所有这些方面,都有可能成为诱发厌学的外界因素。所以,家长要注意,在满足孩子生长发育需要营养的同时,要防止孩子肥胖。

阅读材料

让孩子更聪明的食物

有助于提高孩子记忆的食品:胡萝卜能提高记忆力,因为胡萝卜有加快大脑的新陈代谢作用。

能提高孩子学习效率的食品:白菜能减少人的紧张情绪,使学习变得轻松(例如在考试前);柠檬能使人精力充沛,提高接受能力(这是由于维生素C的作用)。

有助于孩子集中精力的食品:海虾是可为大脑提供营养的美味食品,其含有的3种重要脂肪酸供应人体所需的养分,能使人长时间保持精力集中;洋葱头可以消除过度紧张和疲劳。洋葱头可以稀释血液,从而改善大脑氧的供应状况。每天最少吃半个洋葱头才会起作用;核桃是可以让人长时间集中精力的理想食品。

　　有助于激发孩子创造力的食品:生姜能使人的思路开阔,这主要是它所含的姜素和挥发油的作用。它能使血液得到稀释,流动更加畅通,向大脑供应更多的氧;荷兰芹能激起人的灵感。荷兰芹所含的挥发油能刺激人的整个神经系统,这是产生富有创新思想的前提。

　　有助于激发孩子上进心的食品:辣椒越辣越好,因为它的味道能刺激人体内的追求成功的激素;草莓味美,而且能消除紧张情绪。草莓里的果胶能让人产生舒适感,每天最少吃150克草莓才能达到预期目的;香蕉的秘密武器就在于它含有血清素,对人的大脑产生成功意识是不可缺少的。此外,香蕉富含各种维生素和钾。

　　给孩子增加能量的食物:鸡肉是优质蛋白的最佳来源。用鸡炖汤食用效果更好,鸡汤中的特殊成分可促进人体内去甲肾上腺素的分泌。这种激素能振奋精神,使坏情绪和疲倦感一扫而光,可有效地提高孩子的学习效率;早餐吃点燕麦片,可使能量缓慢而均匀地释放,从而较长时间维持体内血糖处于较高水平,不会感到饥饿,使人整个上午精神饱满。

　　(材料来源: [2010-09-13].http://nj.zhongkao.com/e/20100913/4c8dc904a084e.shtml)

4. 作息制度不合理,得不到充分休息

学习是一种脑力劳动。紧张学习的时候,大脑细胞在激烈紧张地活动着,大脑进行着旺盛的新陈代谢,以保持兴奋状态。但这种紧张的兴奋状态维持一段时间之后必须休息,以补充脑细胞消耗掉的能量,恢复功能、解除疲劳,不然就会工作学习效率下降。因此中小学生要注意休息,规律作息。教师应为学生合理安排学习时间表。然而,正如安东尼·罗宾德所说:世界上没有两个人的生物钟是一样的。每个人的最佳学习时间也存在一定的差异,所以,要掌握自己的"黄金时间"并进行合理的安排,以便提高学习效率。

阅读材料

人体生物钟

生物钟又称生理钟。它是生物体内的一种无形的"时钟"，实际上是生物体生命活动的内在节律性，它是由生物体内的时间结构所决定的。研究证明，合理利用生物钟，掌握最佳学习时间，能有效提高工作效率和学习效率。

一天中什么时候人的记忆力最好呢？什么时候才是最佳学习时间呢？据生理学家研究，人的大脑在一天中有一定的活动规律：

6~8点：机体休息完毕并进入兴奋状态，肝脏已将体内的毒素全部排净，头脑清醒，大脑记忆力强，此时进入第一次最佳记忆期。

8~9点：神经兴奋性提高，记忆仍保持最佳状态，心脏开足马力工作，精力旺盛，大脑具有严谨、周密的思考能力，可以安排难度大的攻坚内容。

10~11点：身心处于积极状态，热情将持续到午饭，人体处于第一次最佳状态。此时为内向性格者创造力最旺盛时刻，任何工作都能胜任，此时虚度实在可惜。

12点：人体的全部精力都已调动起来。全身总动员，需进餐。此时对酒精很敏感。午餐时一桌酒席后，后半天的工作会受到重大影响。

13~14点：午饭后，精神困倦，白天第一阶段的兴奋期已过，精力消退，进入二十四小时周期中的第二低潮阶段，此时反应迟缓，有些疲劳，宜适当休息，最好午睡半小时到一小时。

15~16点：身体重新改善，感觉器官此时尤其敏感，精神抖擞。试验表明，此时长期记忆效果非常好，可以合理安排一些需"永久记忆"的内容记忆。工作能力逐渐恢复，是外向性格者分析和创造最旺盛的时刻，可以持续数小时。

17~18点：工作效率更高，体力和耐力达一天中的最高峰时期。试验显示，这段时间是完成复杂计算和比较消耗脑力作业的好时期。

　　19~20点：体内能量消耗，情绪不稳，应休息。

　　20~21点：大脑又开始活跃，反应迅速，记忆力特别好，直到临睡前为一天中最佳的记忆时期（也是最高效的）。

　　22~24点：睡意降临，人体准备休息，细胞修复工作开始。

　　（材料来源：董男.攻克七大学习问题的145个好方法[M].北京：企业管理出版社，2010.）

　　生活作息的核心是足够的睡眠、按时进餐、积极锻炼、活动性休息。通常小学生需要十个小时的睡眠，中学生需要九小时。充足而有质量的睡眠能保证新陈代谢的顺利进行，促进生长激素正常分泌，使人精力充沛，提高学习效率。然而，目前许多孩子因学习压力大等原因，睡眠时间普遍不足，要想使孩子达到最佳思维状态，良好睡眠是必不可少的。特瑞·霍尼发现，睡眠质量不高会降低人们在很多思维能力上的表现。熬夜对身体的负面影响要比过早起床还大。科伦认为，如果接连几天睡眠不足，人在智商测试中得分就会不断下降。第一天睡眠不足，智商会下降一分，第二天会下降二分，第三天会下降四分，如果接连五天睡眠不足，你的智商很可能一共下降十五分。因此，长期缺乏睡眠会导致学生学习成绩下降，或因思维能力下降导致学习困难，进而导致学生厌学情况发生。现代生活中诱惑特别多，导致很多学生从很小的时候就熬夜，很晚才上床睡觉。中学生由于学习压力大，晚上也经常熬夜。当前中国学生大多存在睡眠不足问题，这是个非常危险的信号，是需要老师和家长加强关注的引发孩子厌学形成的一个重要因素。

阅读材料

该如何自测你的睡眠质量

　　睡眠障碍按照国际分类标准，可分为三类：一是大家较熟悉的睡眠不足症状，包括失眠、入睡困难、早醒和继睡困难；二是赖床，在临床上称作发作性睡眠；三是不正确的睡眠形式，如打呼噜、梦惊、梦游等。你的睡眠质量如何，回答下面的问题就可以知道了。

答案有四种:A为经常,B为有时,C为很少,D为从未。

(1)睡眠时间很不规律,不能按时睡眠。

(2)工作或娱乐至深夜。

(3)脑子里全是白天发生的事,难以入睡。

(4)入睡后稍有动静就能知道。

(5)整夜做梦。

(6)很早就醒来,而且再也睡不着了。

(7)有点不顺心的事就彻夜难眠。

(8)换个地方就难以入睡。

(9)一上夜班就睡眠不好。

(10)使用安眠药才能安然入睡。

选A记5分,选B记2分,选C记1分,选D记0分。

总分在20分以上者为严重睡眠障碍。

在5~20分说明睡眠质量较差。

在5分以下说明睡眠质量良好。

(材料来源:http://wenku.baidu.com/view/afec19b6bec0975f465e2ce.html)

良好的作息,还包括课间休息和积极休息。课间休息十分钟虽然不长,一定要充分利用这段时间休息一下。越是积极紧张的学习,下课越要休息。尤其是冬天,要到室外呼吸一下新鲜空气,活动活动身体。通过参加文艺活动、体育活动、更换学习内容等形式积极休息,既可以达到休息目的,还可以增强能力,使学习生活充满情趣。因此,积极参加文体活动,进行积极的休息,是防止厌学发生的途径之一。

5. 孩子青春期身体发育的干扰

很多家长反映,以前孩子什么话都和自己讲,现在话少了,有事也不和家长谈心,甚至不愿意家长过问自己的事情。一边是"我不要你管",而另一边偏偏又要"管",导致家长与子女之间出现矛盾,甚至很多孩子与家长冷战、离家出走。如果这种情况频频发生,就会由于人际关系的恶化,很可能导致学生厌学的形成。因此,家长一定要注意及时转变管理观念,家长与孩子之间应相互尊重、平等协商,而不是威逼。孩子出现追星、早恋、迷恋网络都不足为奇,关键是需要正确引导。孩子性意识的觉醒,不会故意追求性行为,但容易受到诱惑。从青春期开始到结婚的年龄,基本上接近十多年时间里孩子都处在性等待期。在这段时间里最好的方法是对孩子进行科学的性教育,帮助孩子消除性心理上的困惑。

(二)心理因素

智力水平不佳是导致厌学心理产生的内在原因。厌学的学生中一部分学生的智力水平不是很高,表现在他们接受事物的能力低,理解能力弱,学习比较困难,跟不上老师讲课的速度,学习成绩与其他同学相差很大。但目前学术界一般认为,厌学与智力水平高低关系不大,其中非智力因素是形成厌学心理的最重要影响因素。

1. 新环境适应能力差

一些孩子上学或升学后,不能适应新学校的学习生活,不是成绩下滑,就是违反学校管理制度,导致厌学、辍学。尤其是由小学升入初中,或初中升入高中,由于学业门数的突然增加,再加上学习方式不适应,一些学生难以适应新的学习生活,从而对学习失去信心和兴趣,很可能产生厌学心理。

2. 人际关系存在一定障碍

青少年学生渴望寻求同龄人的接纳、陪伴和友谊,倾向于从同伴那里得到肯定,否则就会觉得孤单无助,自尊心受到打击,也就开始讨厌学习。

3. 心理健康水平低

中学生常见的心理障碍大致有八种表现:自卑心理、逆反心理、孤独心理、嫉妒心理、惧怕心理、唯我独尊心理、贪图享受心理、厌学心理。厌学心理与其他七种心理有着或多或少的联系。

4. 学习动机不良

学习动机会直接影响学生学习的动力、意志和标准。树立了正确学习动机和目的的学生,在学习时,就会干劲足、意志坚、标准高。相反,不良的学习动机就会导致学生学习动力不足、坚持性差等表现。当前,许多心理咨询机构的心理专家做出的诊断是：中学生厌学是典型的心理疲倦反应，即由于持续精神紧张或长时间的单调工作引起的厌倦情绪。引起心理疲倦的因素有三种：一是精神紧张程度过高；二是长时间从事单调的工作；三是思想冲突、挫折、忧虑、惧怕等情绪反应。厌学心理产生与发展将直接影响学生的学习动力和成绩，甚至会危害他们的身心健康。

5. 其他不良非智力因素

有些学生没有明确的学习目的，学习无兴趣，自制力较差、懒惰、放纵等。这些学生不知道为什么学习，该怎样学习，遇到困难也懒得解决，得过且过，不会主动问老师和同学。还有部分学生由于没有养成良好的学习习惯，缺乏有效的学习方法，导致成绩不良，时间久了，造成精神苦闷，觉得难以学习下去，产生厌学心理。另一种因素是当学生学习遇到了挫折后，由于缺乏正确的归因，导致归因不当、自我评价消极，时间长了就会使学生失去对学习的信心，导致厌学。

阅读材料

当你学不进去的时候，不妨看看大脑是怎么想的

尽管科学家一个接一个的科研成果让我们对记忆有了越来越多的了解，但直到今天，科学家所发现的所谓大脑的秘密也只是冰山一角，在很大程度上，大脑和记忆仍是神秘的。但有二十个事实是科学家已经证实了的。

（1）大脑喜欢色彩。平时使用高质量的有色笔或使用有色纸，颜色能帮助记忆。

（2）大脑集中精力最多只有二十五分钟。这是对成人而言，所以学习二十到三十分钟后就应该休息十分钟。你可以利用这段时间做点家务，十分钟后再回来继续学习，效果会更好。

（3）大脑需要休息，才能学得快、记得牢。如果你感到很累，先拿出二十分钟小睡一会儿再继续学习。

（4）大脑像发动机，它需要燃料。大脑是一台珍贵而复杂的机器，所以你必须给它补充"优质燃料"。垃圾食品、劣质食品、所有化学制品和防腐剂，不仅损害身体，还削弱智力。英国一项新研究显示,饮食结构影响你的智商。

(5)大脑是一个电气化学活动的海洋。电和化学物质在水里能更好地流动,如果你脱水,就无法集中精力。专家建议,日常生活要多喝水,保持身体必需的水分,而且一天最好不要饮用相同的饮料,可以交换着喝矿泉水、果汁和咖啡等。另外,研究资料显示,经常性头痛和脱水有关。

(6)大脑喜欢问题。当你在学习或读书过程中提出问题的时候,大脑会自动搜索答案,从而提高你的学习效率。从这个角度说,一个好的问题胜过一个答案。

(7)大脑和身体有它们各自的节奏周期。一天中大脑思维最敏捷的时间有几段,如果你能在大脑功能最活跃的时候学习,就能节省很多时间,会取得很好的学习效果。

(8)大脑和身体经常交流。如果身体很懒散,大脑就会认为你正在做的事情一点都不重要,大脑也就不会重视你所做的事情。所以,在学习的时候,你应该端坐、身体稍微前倾,让大脑保持警觉。

(9)气味影响大脑。香料对保持头脑清醒有一定功效。薄荷、柠檬和桂皮都值得一试。

(10)大脑需要氧气。经常到户外走走,运动运动身体。

(11)大脑需要空间。尽量在一个宽敞的地方学习,这对你的大脑有好处。

(12)大脑喜欢整洁的空间。最近的研究显示,在一个整洁、有条有理的家庭长大的孩子在学业上的表现更好。为什么,因为接受了安排外部环境的训练后,大脑学会了组织内部知识的技巧,你的记忆力会更好。

(13)压力影响记忆。当你受到压力时,体内就会产生皮质醇,它会杀死海马状突起里的脑细胞,而这种大脑侧面脑室壁上的隆起物在处理长期和短期记忆上起主要作用。因此,压力影响记忆。

(14)大脑并不知道你不能做哪些事情,所以需要你告诉它。用自言自语的方式对大脑说话,但是不要提供消极信息,要用积极的信息。

(15)大脑如同肌肉。无论在哪个年龄段,大脑都是可以训练和加强的。毫无疑问,不要寻找任何借口。不要整天待在家里无所事事,这只能使大脑老化的速度加快。专业运动员每天都要训练,才能有突出表现。所以你一定要"没事找事",不要让大脑老闲着。

(16)大脑需要重复。每一次回顾记忆间隔的时间越短,记忆的效果越好,因为多次看同一事物能加深印象,但只看一次却往往容易忘记。

(17)大脑的理解速度比你的阅读速度快。用铅笔或手指辅助阅读吗?不,用眼睛。使用这种方法的时候,需要你的眼睛更快地移动。

(18)大脑需要运动。站着办公效率更高。

(19)大脑会归类,也会联系。如果你正在学习某种东西,不妨问问自己:它让我想起了什么?这样做能帮助你记忆,因为大脑能把你以前知道的知识和新知识联系起来。

(20)大脑喜欢开玩笑。开心和学习效率成正比,心情越好,学到的知识就越多,所以,让自己快乐起来吧!

(材料来源:[2012-11-30].http://www.docin.com/p-541179050.html)

二、导致厌学的外部因素

从外因看,有家庭教育和学校教育的失误,如家长期望过高,不当的教育方法,教师生硬的态度等。不良社会风气也是导致学生厌学的重要的影响因素。

(一)家庭因素

家庭是学生成长的摇篮,父母是塑造子女心灵的第一任教师,家长的言行在很大程度上影响着子女的学习,学生厌学的形成与很多家庭因素有关。

1. 厌学与家庭教育方式

家庭教育方式是影响孩子学习态度的关键因素之一。良好的家庭教育方式,会使孩子积极面对学习困难、刻苦学习。而不良的家庭教育方式很可能导致孩子厌学的产生。例如,一些家长的不良行为习惯和生活方式使子女染上不良习气,产生厌学情绪。还有些家长对孩子期望值太高,不断给孩子施加压力,达不到规定的苛刻标准,就会受到严厉的惩罚,使孩子心理受到挫伤,体验不到学习的乐趣,产生厌学心理,甚至与家长直接对抗。还有家长向孩子灌输"上不好学,就跟爸妈一起外出打工挣钱"的意识,这种潜移默化极易助长学习不好学生的厌学情绪和"读书无用论"思想。部分贫困地区的农民生活负担重,要求子女在读书期间过多分担家里农活,学生在家没有时间学习,甚至连作业都不能完成,导致成绩落后而厌学的更是普遍现象。相反,一部分学生的家庭条件非常优越,从小就养成"衣来伸手,饭来张口"的习惯,在面对劳心劳力且枯燥无味的学习时,就会产生畏惧感,逐渐会产生厌学心理。还有很多家长自身学力不高,虽然明白读书学习的重要性,但是成天忙于生计,不知道怎样引导孩子,甚至对孩子期望过低。孩子在遇到学习困难时不知怎样解决,而孩子认为父母对自己没什么要求,因此做出相应反应,久之会产生厌学心理。

2. 厌学与家庭环境

当前我国农村劳动力大量向城市转移,加之婚变、病丧等因素,广大农村地区产生了大批缺乏家庭监管的"留守儿童"。由于父母双方或一方不在身边,导致对留守儿童学习监管的缺位,又由于儿童自控能力差,导致很多留守儿童学习习惯差,在家几乎没有看书学习的习惯。而另一方面,家长对孩子的期望又非常高。由于缺乏真诚有效的亲子沟通,导致家庭矛盾日益严重,使得青少年的厌学情绪无法通过积极的心理防御机制进行调适,反而转化为行为障碍,其中厌学是表现之一。

无论城市还是农村,都有单亲或离异家庭,家长对孩子缺少关心或是与孩子有严重的家庭冲突;或是忙于工作、陷于家庭纠纷,对孩子的学习很少关心。如此,孩子在这样的家庭环境中逐渐失去了自身奋斗的动力,表现出不成熟的迹象,对学习缺少责任感。

(二)学校因素

1. 基础教育发展的矛盾

基础教育发展的矛盾是厌学形成的原因之一。当前中国基础教育在发展中面临着一些矛盾,如人民群众日益增长的对优质教育的需求与优质教育资源相对短缺的矛盾和促进人的全面发展的功能与配置人的社会地位(尤其是人的第一次社会地位的配置)进而促进经济社会发展的功能的矛盾等。这些导致的一个共同的结果就是学生要通过学习上的激烈竞争,以获取优质教育资源和优越的社会地位配置。在这种激烈竞争压力下,一定会有相当部分学生在学习成绩上落后,甚至失败,造成很多孩子产生厌学心理。

2. 教育观念的落后

厌学可以说是中国教育史上的顽疾。专家们通过大量研究发现,导致当前中国学生厌学有三个非体制原因。一是教育者按照自己一厢情愿的教育方针,迫使孩子们"就范",忽视甚至控制了人的主动性,进行被动教育,造成孩子对学习产生消极抵抗的心理。二是教育者执着于用"大脑"教育孩子,而忽略了用自己的心灵去感应另一颗心灵,这就导致很多老师和父母说的话都是好话,但就是说不到孩子心里去。三是教育者过于迷信教育模式与技术,或者盲目地把舶来的心理教育方法奉为圭臬,而不是从生命发展规律出发,顺其自然地激发生命本来的潜能。如果说教育是"生产人才"的事业,那么类似以上三种产能低下的"生产方式"确实到了该彻底颠覆的时候了。或者说,我们的教育到了换"发动机"的时候了。这个"发动机"就是——回归心灵深处,回归教育的本质,建立"健康、自然、无污染"的教育价值观。

一方面,由于教育观念没有更新,当前基础教育阶段,学生学习负担过重,导致学生读书没有兴趣而厌学。有的学校领导和教师为了学校利益——升学率和学校荣誉,依然给学生施加压力,大力宣传"只有考上重点学校,考上大学才有出路"等。学校和家长对学生严加管理,每天给学生布置累累的学习任务,不断增加训练强度,搞题海战术,甚至星期天也没有时间休息,一点娱乐活动都没有,必然会招致学生的厌恶。另一方面,受这种教育观念的影响,很多教师无法公正地看待每一位学生,对学习成绩一般或较差的学生存在偏见。这些学生无法从教师那里得到鼓励,汲取前进的力量,易造成学生"破罐子破摔"的想法。还有些教师则是一旦发现学生犯错误,动辄以体罚了事,不积极引导学生,从而造成他们产生恐惧心理,这样也会导致厌学。

尽管我国自1999年就开始推行新课程改革,片面追求升学率和应试教育的误区已有较大纠正,但部分地区由于教育条件、设施、环境比较差,导致教师队伍流动性过大等。另外,在实践教学环节中,仍然存在知识与技能、过程与方法、感情态度与价值观的三维教学目标没有真正落实,教学策略缺乏灵活性和针对性以及多元化评价缺位等问题。这些局限和不足最终成为导致学生厌学的"推手"。

3. 学校学习环境

学校环境是诱发学生出现"学校恐惧症"或"拒绝上学症"的主要场所,在学校经历的生活事件或应激事件是最主要的诱因。如学习困难、考试不及格、遭到同学嘲笑或欺侮、与老师发生冲突、遭受体罚、与老师不"合拍"、失去友谊、教师期望过高、校规严厉、教师严厉、校内群体癔症发作等。较好的学习环境,是指一个安静、清洁、温暖、明亮和有着良好学习氛围的学习环境,它是学习的重要保证。其中,安静和良好的学习氛围特别重要。学习是艰苦的脑力劳动,在思考问题时,应当避免与学习无关的刺激,同时还要有来自多方面的支持和鼓励。

4. 教师素质

教师素质在学生学习中的作用是不可低估的,一个教师的德才水准对学生思想和学习会产生巨大的影响。每天绝大多数时间都是师生在教学过程中共同度过的。很多学生的学习动机、目的是在老师教育下树立的;很多学生良好的意志品质是在老师严格要求下养成的;很多学生的学习方法是在老师的指导下掌握的;而知识和能力的获得也离不开老师的具体指导。另外,老师往往针对每个学生的特点进行单独的帮助教育,有时一次谈话,也会决定一个学生未来的方向。可以看到,教师的素质水平影响着学生方方面面的发展,好素质的教师会促进学生学习。而素质低劣的教师,不但不能使学生向学,很可能会使更多的学生厌学。

（三）社会因素

每个学生还生活在社会这个大环境之中，社会通过各种途径来影响学生。如果你家的左邻右舍，你接触的亲朋好友，都是有志向、好学上进、要干一番事业的人，这也会对你的学习产生无形的推动作用。对厌学产生影响的主要社会因素表现为：

1.“读书无用论”思想的影响

由于不良社会风气的影响，“新读书无用论”的抬头和“就业难的心理预期”的叠加，加重了“读书无用论”思想在社会上的蔓延，这也是当前学生厌学的又一个重要原因。特别是当学生家长认为上了大学也不一定找到合适的工作，并认同“读书无用论”思想时，会直接导致孩子上学积极性的丧失，甚至导致学生直接辍学。例如，由于受到去城市打工族的影响，不少学生认为在学校无须认真学习，只需混个文凭就可以到外面闯世界了，从而产生厌学思想。尤其是当一批批打工族从城市回到家乡，特别是看到他们的收入不断提高时，更是让很多贫困地区孩子的心理产生很大变化，他们希望早点毕业，自己早点赚钱，摆脱贫困。于是在学校就得过且过，马马虎虎，对读书没有兴趣，随即产生厌学思想。

2.社会环境的诱惑与干扰

经济的腾飞、城乡经济一体化逐渐形成等标志着社会的巨大发展。社会的发展为孩子的健康成长提供了良好的物质条件，但孩子的成长环境却不像过去那样单纯，各种诱惑就在他们身边，如电视节目丰富多彩、游戏五花八门，网吧、游戏厅、歌厅等如雨后春笋般涌现，对学生产生了巨大诱惑，一直考验着他们的神经，如果意志稍不坚定，就会成为它们的俘虏。目前网络成瘾已经成为导致学生厌学的令人瞩目的诱惑因素。很多上网成瘾的学生不但厌学，甚至走上违法犯罪的道路，断送了自己与家庭的美好前程。

3.社会低俗文化的泛滥传播

社会低俗文化对学校教育产生了巨大冲击。青少年学生活泼好动，容易接受新事物，易受外界的影响，同时又缺乏是非分辨能力。他们对社会上流行的、时髦的表层文化思想和行为方式更容易接受和模仿，而这些东西往往与学校教育教学要求和社会所倡导的健康文化思想相违背。当低俗文化成为学生的追求时,他们必然会放松对学习的追求和兴趣。

三、教师应正确对待导致学生厌学的影响因素

通过以上分析,我们应该容易理解,厌学并不是单一因素作用的结果,比如单纯的对学习内容的厌恶,厌学往往是众多的内外心理压力汇聚综合作用的结果。任何一种压力的积聚——哪怕这种压力和学习本身毫无关系——都有可能导致厌学。如父母吵架、校园帮派威胁、师生关系不融洽、家庭生活困难、身体患病、早恋失恋……都可能成为厌学的导火索。所以厌学就像是个压力阀。只要孩子内心压力积累得足够大,压力阀开始释放压力就会导致学生厌学。反之,一旦孩子陷入厌学的陷阱,往往意味着他的心理已经失去平衡,需要进行调整。但是厌学本身无法说明究竟是哪里出了问题,哪里需要调整,而这就是厌学复杂性的原因。

那么,作为教师应该怎样看待导致学生厌学的这些因素呢?我们不妨先看看下面的故事,或许能得到一些有益的启示。

阅读材料

传教士赫伯·杰克逊被派到一个小镇上任职,当地有人给他配了一辆旧车,这辆车有点毛病,停车后很难再启动起来。杰克逊绞尽脑汁想了个主意,要想不熄火,停车时得放在斜坡上。整整两年杰克逊用这种方法启动车子。后来,由于健康原因,杰克逊要离开此地,他把那辆旧车交给新来的传教士。杰克逊自豪地向后来的牧师传授启动车子的独家方法。新来的牧师边听他说,边打开车盖,仔细查看起来。他用力拧了拧一根发动机的连线,坐到驾驶室座位上。让杰克逊惊讶的是,随着发动机的一声轰鸣,汽车竟然在平地上缓缓开动起来。新来的牧师解释说:"只是一根连线松了,稍微紧紧就行了。其实不用那样大动干戈,主要是你没有找到问题所在。"

(材料来源:霍华德·维恩.知己知彼知心术——当代美国最流行的心像学[M].朱文光,译.北京:中国友谊出版公司,1989.)

这个故事给我们的启示是:有时候我们认为自己是对的,但是当我们自以为是的时候,却需要多听听别人的意见。也就是说,我们有时候觉得发现了导致学生厌学的原因,这时不要高兴得太早,要仔细考察,细心检验其能够与厌学形成因果关系的真实性。

第二节　厌学的评估

一、厌学的一般表现

(一)厌学生的特征与厌学程度

1. 厌学生的特征

概括地讲,厌学生直接表现为显著的负面情绪,如自卑、焦虑、冷漠、逆反、嫉妒、悲观。厌学还伴随较低的成就动机,消极的价值观,元认知策略的缺失,会导致各种不良行为的发生。厌学还存在社会性表现,如考试作弊、逃课(包括隐形逃课)等。厌学可表现为很多具体的形式,如:孩子变得不爱上学,不愿见老师,甚至每到上学前孩子就喊"肚子疼""头痛"等;有的孩子不愿做作业,一看书就犯困;即使在没有外界干扰的情况下,注意力也常常不能集中;有的孩子虽然也在看书,却"看不进去";不愿大人过问学习上的事情,对父母的询问常保持沉默,或者表现烦躁,或者转移话题;上课时常打不起精神,课后却十分活跃,表现为"玩不够"。而逃学作为厌学的极端行为则主要表现为不去上学。

根据厌学生的定义、行为表现,参照国内外学者的研究成果,我们认为下述几条可以作为厌学生的诊断与鉴别标准。

第一,厌学生学习成绩差。因厌恶学习、不努力学习,以致学习成绩很差,呈现恶性循环,但又满不在乎;认为学习是没有意思的,成绩差的学科更没有努力的必要;当教师、家长、同学督促他们学习时,找出各种各样的理由进行反驳,诸如"作业太多,做不完","老师没讲清,不会做","我很笨"等。

第二,厌学生学习动力不足。对大部分功课学习失去兴趣,有说不出的苦闷感,且厌恶、不愿学习的功课必须在四门及以上,这些功课可以是及格,也可以是不及格的。从兴趣、动机、情感和意志等动力系统看,厌学生在学习目的上具有随意性和多变性的特点。他们兴趣分散,缺乏长远动机,学习上缺乏自制力等。在校学习是被动地混日子,他们认为不努力学习是可以的,不经提醒不能主动学习,一坐下来学习就心烦意乱、坐立不安,想逃离学习。被迫学习只是为了父母、老师或混一张文凭等。

第三,厌学生具有较强的破坏性。厌学生由于学习成绩差,他们的自尊很少受到别人的关注和重视,开始表现为惭愧、内疚,继而发展为不在乎自己。与此同时,他们学会从别的途径感受自我价值,如不守纪律、爱出风头、与老师对着干、旷课、逃学等。

第四,厌学生心智活动差。调查表明,大多数学生的厌学与他们是否聪明没多大关系。主要是厌学生在课堂学习、课外阅读、课外作业等学习活动中完全处于消极被动状态。他们对学习某些科目,如几何、代数、英语等有畏难情绪,注意力极易分散,微小的外部因素就会使他们出现明显的分心状态,常常听课不专心,做作业不用心,预习复习无恒心等。记忆方面,有的记得快忘得也快,有的记得慢却忘得快。由于心智活动差,缺乏有效的学习方法和良好的学习习惯,使学会的知识不能得到巩固,更不能进一步发展成为技能技巧。

第五,厌学的孩子缺乏自信。对自己能力的怀疑和低估是造成畏惧心理而缺乏自信的重要前提,而任何人都不会去做自己认为不可能完成的事。例如,当一个学生考试屡屡失败时,他必定开始怀疑自己的能力而产生畏惧心态。在这种心态的支配下,他自然会减少与学习失败有关的活动,比如单科成绩不良的学生,会产生偏科现象;由于其他什么原因导致学习落后的学生自然把注意力转到与学习无关的事情上去。其实,他们不知道,他们的这个决定,是在主动减少与学习相关的身心活动,而这是在愚弄自己,就等于在前进的道路上"停下来",放弃了自己的远大前程。所以,当一个人因为暂时的失败、决定放弃努力而打算偷懒时,只有一个悲哀的结果在等待他,那就是失败。一旦学生产生厌学心理,他已经丧失了自信,丧失了拼搏的斗志。

2. 厌学生的厌学程度

现实生活中,动物,包括人类,会依照下列反应——冻结、逃跑、战斗来应对各种苦恼和威胁。对于一个厌学的孩子来说,学习已经成为其苦恼和威胁的来源,所以厌学孩子对学习过程的反应随着厌学程度的不同而有所不同,教师要通过一定观察准确地鉴别其厌学的程度。

厌学产生后表现出的冻结反应:目光呆滞,停止学习,反应迟钝,思维跟不上讲课进度;在没有外界干扰的情况下,注意力也常常不能集中;虽然也在看书,却"看不进去";上课时常打不起精神,课后却十分活跃,表现为"玩不够"。

厌学产生后表现出的逃跑反应:远离学习、老师、学校等;上课时做其他与学习无关的事情,身体转向一边,常常发生"视觉阻断"现象——通常在感到受到威胁、遇到不喜欢的事物或表示轻蔑时,人们会眯眼、闭眼、遮住眼睛,不去关注威胁或不喜欢的事件。厌学生处于这个程度时的具体表现为:不爱上学;不愿见老师;或者每到上学前,就喊"肚子疼"、"头痛"等;不愿做作业;看书就困倦;不愿大人过问学习上的事情,对父母的询问常保持沉默,或者表现烦躁,或者转移话题;逃课、逃学作为厌学的极端行为。

厌学产生后表现出的战斗反应:直接攻击、侮辱、反驳、诽谤、挖苦、争论、人身攻击干涉其学习活动的人等。这种反应中,个体行为变得明显地不讲理,因为他们的认知能力被大脑边缘系统中无意识信息,特别是被情感记忆所劫持了。处于这种程度的厌学生,已经彻底不在乎学习,一般与老师和同学的人际关系不良,会表现出严重的行为问题:作弊、打架、违反课堂纪律等。

(二)厌学与学习困难

学习困难由柯克(S.Kirk)在1962年提出,又称学业不良、学习失能、学习障碍、学习迟钝等。有人统计,在英语中表达学习困难的词汇有40多种,我国通常称之为差生问题。学习困难主要是从学习结果角度看待问题的,目前,人们普遍接受美国学习困难联邦委员会1988年的定义:学习困难是多种异源性失调,表现为听、说、读、写、推理和数学能力的获得和使用方面的明显障碍。而国内对学习困难的一般看法是:学习困难学生指那些智力正常,没有感官障碍,但在知识、能力、品格、方法、体质等要素的融合方面存在偏离常规结构性缺陷,智力得不到正常开发,不能达到教学规定的基本要求,需要通过有针对性的教育措施或医疗措施给予补救或矫治的学生。

厌学与学习困难有着某些共性:

第一,厌学和学习困难学生都是智力正常的学生,感官没有异常,这就把两者与智力有缺陷或感官障碍的特殊儿童区分开来。第二,厌学和学习困难形成的原因更多是由后天环境造成的。特殊儿童的学习问题往往是由先天或生理障碍导致的。第三,厌学与学习困难具有较高关联性。学习困难可能是造成厌学的重要原因之一,厌学也可能是学习困难的原因,成绩落后是两者的共同表现,逃学、甚至辍学、弃学是两者的必然结果。

当然,学习困难与厌学两者之间也存在区别:

第一,看待问题的角度不同。厌学是从学习过程中学生认知、情绪、行为的变化来定义的,主要是从学生个体自身的发展变化趋势看待问题。而学习困难则仅从学习成绩落后的结果来定义,一般是为了把学习困难学生从普通儿童中区别开来,所以采用“差异模式”进行鉴别。如把班级成绩名次在后7%的学生理解为学习困难儿童。

第二,厌学与学习困难属于不同领域的现象。厌学的形成是学生个体心理上发生变化导致,可以通过自己调节或别人帮助而恢复正常。因此,厌学属于个体的心理现象。而学习困难则是教育过程中人为划分出来的一类学生,只要有考试,就会有成绩低的学生,就会有学习困难生。因此,学习困难属于教育现象。

第三,学习困难学生与厌学生都有学习的苦闷感,但学习困难者其主要学科成绩一般不及格,为班级排名的后五分之一者。厌学生成绩不一定是不及格,也不一定是班级排名后五分之一的人,也可能其成绩名列班级前茅。

(三)厌学与多动症

同样是学习落后，教师在教学过程中，要注意区分厌学与多动症，因为厌学和多动症的孩子干预措施是不同的。

第一，能否集中注意力。正常好动的孩子，对不感兴趣的事情会注意力不集中，但对有兴趣的事情却能专心致志，很少分心。多动症的孩子一般注意力都不能集中。

第二，能否控制自己。正常好动的孩子当意识到必须控制自己的好动时，能控制得住，尽管有时候会表现得过分。多动症的孩子不能控制自己。

第三，行动是否灵活。正常好动孩子做技术性较难的动作时，会表现得灵活自如。多动症的孩子却表现得很笨拙，无法自如完成这些动作。

第四，对咖啡、浓茶等刺激物的反应。由于这些刺激物能够刺激人的中枢神经，中枢神经受到刺激能引起正常儿童兴奋。患有多动症的儿童则会很快表现得安静、少动，注意力相对集中。

凡符合以上几条判断标准的属多动症，应采取治疗多动症的措施，而不能因为其成绩落后就简单判定为厌学加以干预。

二、厌学的评估

(一)厌学评估及其目的

1. 厌学评估的含义

厌学评估是指教育者或者评估人员运用心理学的工具和手段，对厌学生的学习活动进行科学分析和判断，以确定学生厌学的行为表现和特点、厌学的起因及影响厌学的有关因素。

厌学评估是厌学矫治工作的重要组成部分，是教师了解厌学生身心特点、进行因材施教的重要前提。中小学生的学习活动受到其身心发展特点、家庭、学校及社会环境等多种因素的影响，有其特殊性。在中小学生学习活动中，导致其厌学的原因各式各样，这些因素存在于学习的各个环节，并与诸多制约因素有关。它们在不同程度上妨碍中小学生学习及身心的健康发展。因此,只有对厌学生的学习活动进行评估,才能确定导致厌学生厌学的主要原因。这些原因因人而异,千差万别,每个人都具有各自独特性。

2. 厌学评估的目的

厌学评估的根本目的是了解厌学生学习活动的特点,分析诊断厌学产生的原因,以期改进教与学双边活动,更好地为厌学生提供矫正服务。一般来说,对厌学生的评估必须弄清楚三个问题的答案。

第一,厌学行为有哪些?

这就要确切查明孩子目前厌学的行为表现是什么(参见厌学生的特征),同时了解这些行为的严重性。关于厌学程度的严重性,主要是弄清楚孩子实际的厌学行为表现属于冻结、逃跑、战斗反应的哪个层次。此外,了解孩子厌学行为的历史也是很重要的,比如在过去几天、过去几周,甚至过去几个月的厌学情况。而要全面客观地了解这些情况,就需要询问孩子本人、父母和老师等。再就是,其他一些重要因素也要得到确认,如孩子厌学发生的具体背景需要弄清楚,是哪一天孩子因为什么开始厌学了,这些直接的因素会影响厌学行为及其矫正过程。这些因素包括:危机事件,人格和文化因素,健康和发育问题,同伴冲突,家庭经济状况,父母婚姻状况,考试失败等。

第二,什么促使厌学持续发生?

确定什么因素使得厌学持续发生,从本质上说,就是要确定厌学产生的主要原因是什么。通过评估,找到这一问题的答案,就能使我们探察到孩子厌学是由于自身的原因,还是由于父母或其他家庭成员相关的因素导致了孩子厌学行为。学校因素在其中起何种作用,社会的诱惑与干扰因素起着什么样的作用等。

第三,最好的治疗方法是什么?

对于这一问题的回答要到评估结束后才能进行。评估厌学产生的原因能帮助教师形成对厌学生厌学原因的假设,这一假设又能帮助教师确定使用什么矫正方法。或许我们能够根据上一问题回答的结果,归纳概括出厌学的规律性,将厌学生划分成几大类,进而总结出每类学生的矫正模型。这时为不同厌学类型学生选择相应的矫正模型就很重要了。

（二）中小学生厌学的评估方法

对厌学生特征、厌学程度及维持厌学的因素进行评估可以采用不同的方法,方法不同,具体的评估程序有所差异。例如,可以使用自由回答的临床法和访谈法,但这种方法可能会出现有些行为无法确认的情况。也可以使用更为严格的诊断评估方法,但是厌学孩子存在共病诊断的问题。因此,我们怎样才能更有效地进行评估和回答前述三个问题呢?

1. 访谈法

在评估厌学行为时,很多教师会使用访谈的方式。通过访谈能够获得关于厌学的各种信息,从而确定厌学孩子所面临的各种困难。在这种访谈过程中,教师可以采用一些有效而可靠的基于系统的临床观察的访谈法,例如"DSM-IV焦虑障碍访谈表:儿童版和父母版"。当然,教师也可以根据自己的风格选择结构性不太强的访谈方法,或者针对访谈对象的特殊性自编访谈题目。访谈过程中,问的问题范围很广,个案不同,提出的问题也会不同。例如,这些问题常会被问道:您的孩子因为对学校的某些事物感到苦恼或心烦而拒绝上学的行为多久发生一次?

一般情况下,在应用访谈法时,先访谈孩子本人,再访谈父母。在许多案例中,由于先访谈父母或他人,孩子往往会被贴上"不良影响"的标签或被父母老师指责等。先访谈孩子有几个好处:第一,这有助于你与孩子建立良好和信任的关系,因为这样你可以向孩子传达出这样的信息:孩子提供的信息和父母提供的资料具有同等重要性和价值。第二是让孩子明白你不是来帮他父母对付他的另一个权威。但一定要明确的是让孩子消除厌学心理是一个重要治疗目标。第三,这样的访谈顺序能帮助你立即和孩子讨论保密问题,并告诉他哪些信息你必须告诉他人。这一点对开始矫治的所有孩子都是很重要的。

2. 评定量表法

已经有很多研究者编制了专门测评孩子厌学的自评量表。厌学自评量表可以分为综合性诊断工具和单项诊断工具两大类。综合性诊断工具包含内容较多,诊断范围广,适用于全面了解厌学生的学习活动,分析厌学主要行为表现、形成原因、厌学程度。单项诊断工具是针对某一项学习因素进行的专门诊断。特点是内容少、省时间、针对性强,常用来帮助教师分析学生学习活动的具体过程。例如,我们可以采用《学习适应性测验》(简称AAT)来评估厌学生学习活动中存在的障碍,判断厌学的程度,并分析厌学导致成绩不良的原因。该测验是由华东师范大学周步成等人根据日本教育研究所编制的《学习适应性测验》修订而成。该测验已经制定出中国常模,是目前普遍采用的综合性标准化的学习诊断工具。还可以采用拒绝上学行为评估量表(儿童用和家长用两个版本)。这一测验假设孩子拒绝上学的影响因素有四个方面:一是因为负性情绪而拒绝上学;二是逃避社交/评价情境而拒绝上学;三是为获得他人关注而拒绝上学;四是为了获得实质利益而拒绝上学。通过测验我们可以判定孩子拒绝上学的最主要原因,从而就可根据最主要原因对其采用相应的矫治模式进行治疗。当然,你也可以采用《厌学情绪自测》简单评估学生的厌学情绪的严重程度。

阅读材料

厌学情绪自测

请在五分钟之内,根据你自己的实际情况,对下列描述做出"是"或"否"的回答。

(1)我认为学习一点意思也没有。

(2)我是迫于形势才不得不学习的。

(3)我一学习就觉得没劲。

(4)现在的社会,学习没什么用。

(5)我认为学习是件苦差事。

(6)上学简直没意思透了。

(7)我学习只是为了父母。

(8)我对学习没什么兴趣。

(9)一上课,我就无精打采。

(10)上课时,老师讲的内容我总是似懂非懂。

(11)我常常抄同学的作业。

(12)我即使无事可做,也不愿意学习。

(13)我认为自己不是什么读书升学的料。

(14)我上学只是为了消磨时光。

(15)我上学经常迟到早退。

(16)我和老师的关系比较紧张。

(17)我对影视明星、歌坛新秀、体育名将、青春偶像、奇闻趣事等很感兴趣。

(18)我上课注意力不集中,常常走神。

(19)我认为学习简直就是活受罪。

(20)我认为上学只不过是为了拿一张文凭。

(21)我常常不能独立完成作业。

(22)我真盼望能早点毕业。

(23)我最头痛的一件事就是考试。

(24)我盼望早点离开学校。

(25)我对玩耍、逛街、打游戏机、玩电脑等事情很感兴趣。

(26)我经常旷课。

(27)我一拿起书本就感到头痛。

(28)我根本听不懂老师讲的内容,也不想去弄懂。

(29)考好、考坏对我来说无所谓。

(30)我上课时常做一些与学习无关的事。

(31)我常为自己的前途担忧。

评分:答"是"记1分,答"否"记0分。

评价:

0~11分:有轻微的厌学情绪。建议:明确学习目标,当目标实现的时候,你能够体会到成功的满足感和快乐。

12~20分:中等程度的厌学情绪。建议:你对学习感到比较痛苦,但是你意识到学习的重要性,所以你不会轻易放弃学习。你应该找到适合自己的学习方法,达到事半功倍的学习效率,你就不会那么讨厌学习了。

21~31分:有严重的厌学情绪。建议:这种状态下的你根本无法坐在教室里认真听课。你需要调整心态,克服厌学情绪。

（材料来源：金忠明，周辉.让孩子不厌学12招妙计[M].上海：华东师范大学出版社，2011.）

3. 行为观察法

如果可能，直接对孩子和家庭早晨的活动进行行为观察也是评估阶段了解信息的方法。行为观察可以帮助你获得另外的信息以确定厌学行为的原因及其维持因素。例如，你可以假设孩子拒绝上学是为了获得父母的关注。这样的案例中，你就可以比较孩子在父母陪伴或其他人陪伴的上学路上有哪些不同行为表现。如果孩子的行为表现有显著差异，这个假设就可以得到支持。

倘若进行正式的行为观察不可行时，在办公室仔细观察孩子的关键行为也可以帮助确认厌学的原因。例如，如果在评估中孩子与工作人员沟通很紧张，那么他/她很可能是为了逃避社交而拒绝上学的。但通过这种形式获得的假设需要其他正式的评估方法来验证。

综上所述，通过各种方法对厌学行为的评估，你对厌学行为的情况有了比较清晰的认识，就可以开始着手查明厌学行为维持因素。这个过程也可以通过功能分析完成。先进行描述性功能分析，即让孩子和父母通过测验等评测为什么孩子会厌学，然后进行实验性功能分析，即在不同环境下直接观察孩子为什么厌学，来帮助你最终判定孩子到底为什么厌学，选择哪种矫治方案。

小　结

（1）一般情况下，在探索厌学形成的原因时，可以从内部因素和外部因素两个方面分析。内部因素就是个体因素，包括生理因素、心理因素两个方面。生理因素主要有身体疾病，缺乏充足、合理的热量，营养不良和营养过剩，作息制度不合理导致得不到充分休息，孩子青春期身体发育的干扰等。心理因素包括：新环境适应能力差，人际关系存在一定障碍，心理健康水平低，学习动机不良等。外部因素包括：家庭教育环境和方式不良，学校教育观念落后，教师素质低，学校环境差，读书无用论思想的影响,社会环境的诱惑与干扰等因素。教师必须学会仔细考察,细心检验其能够与厌学形成因果关系的真实性。

(2)根据厌学生的定义、行为表现,参照国内外学者的研究成果,下述几条可以作为厌学生的诊断与鉴别标准。第一,厌学生学习成绩差;第二,厌学生学习动力不足;第三,厌学生具有较强的破坏性;第四,厌学生心智活动差;第五,厌学的孩子缺乏自信。

(3)厌学严重程度的不同,其表现也有所区别。厌学生表现为用冻结、逃跑、战斗反应来应对学习中的各种苦恼和威胁。同时还要注意区别厌学生与学习困难生、多动症学生的异同。

(4)厌学评估是指教育者或者评估人员运用心理学的工具和手段,对厌学生的学习活动进行科学分析和判断,以确定学生厌学的行为表现和特点、厌学的起因及影响厌学的有关因素。一般来说,对厌学生的评估必须弄清楚三个问题的答案:厌学行为有哪些? 什么促使厌学持续发生? 最好的治疗方法是什么? 厌学评估的方法包括访谈法、评定量表法和行为观察法。

思考题

1.影响学生形成厌学心理和行为的因素有哪些?

2.学生厌学的一般表现是什么?

3.如何评估学生是否厌学?

参考文献

[1] 陈永胜.小学生心理诊断[M].济南:山东教育出版社,1994.

[2] 金忠明,周辉.让孩子不厌学12招妙计[M].上海:华东师范大学出版社,2011.

[3] 克里斯托弗·A.科尼,安妮·玛丽·阿尔巴诺.孩童厌学治疗师指南[M].彭勃,译.北京:中国人民大学出版社,2010.

[4] 李景骏,李雪梅.浅谈初中学生厌学心理产生的原因及对策[J].四川教育学院学报,2001(6).

[5] 乔·纳瓦罗,马文·卡尔林斯.第一时间看透对方:FBI教你破解身

体[M].王丽,译.长春:吉林文史出版社,2009.

[6] 特瑞·霍尼,西蒙·伍顿.大脑训练法[M].姬蕾,译.天津:天津教育出版社,2009.

[7] 吴秋兰.中学生厌学情绪及影响因素分析[J].安徽预防医学杂志,2000(6).

[8] 张永华,谌业锋.中小学心理健康教育与心理素质训练[M].天津:天津教育出版社,2010.

进一步阅读文献

[1]《大脑训练法》

导读:《大脑训练法》是由英国学者特瑞·霍尼、西蒙·伍顿著,姬蕾译,天津教育出版社2009年出版。该书通过解答各种关于大脑、智力、情绪以及思维的疑问,告诉读者从家庭、工作、游戏三个方面如何训练自己的大脑。这些方法简洁实用,操作简便。

[2]《小学生心理诊断》

导读:陈永胜主编的《小学生心理诊断》由山东教育出版社1994年出版。该书介绍了小学生学习诊断、智能诊断、人格诊断、行为诊断、心理健康综合诊断等目的、要点和常用工具,这对于教师和家长都有重要的参考价值。

附　录

拒绝上学行为评估量表(儿童用)

姓名:＿＿＿　年龄:＿＿＿　日期:＿＿＿

请圈出最适合你自己的答案

(1)你是否会因为害怕学校相关的事情(如考试、乘坐校车、老师、火警等)而经常对上学产生不好的情绪?

从不　几乎不　有时　一半时间　经常　几乎总是　总是

(2)你是否会因为在学校很难和其他孩子交流而经常旷课?

53

从不　几乎不　有时　一半时间　经常　几乎总是　总是

(3)你是否经常觉得宁愿和父母待在一起也不愿去上学?

从不　几乎不　有时　一半时间　经常　几乎总是　总是

(4)当你一周时间(周一到周五)都不上学时,你是否经常会离开家去做一些有趣的事情?

从不　几乎不　有时　一半时间　经常　几乎总是　总是

(5)如果你去上学,你是否会因为感到难过或抑郁而经常旷课?

从不　几乎不　有时　一半时间　经常　几乎总是　总是

(6)你是否因为在学校其他人面前感到尴尬而经常旷课?

从不　几乎不　有时　一半时间　经常　几乎总是　总是

(7)在学校上学的时候,你是否常常会想起你的父母或家人?

从不　几乎不　有时　一半时间　经常　几乎总是　总是

(8)当你一周时间(周一到周五)都不上学时,你是否经常会和其他人交谈或去见其他人(不包括你的家人)?

从不　几乎不　有时　一半时间　经常　几乎总是　总是

(9)相比于在家和朋友们相处的感觉而言,你在学校是否经常会感到更糟糕(如恐惧、紧张或悲伤)?

从不　几乎不　有时　一半时间　经常　几乎总是　总是

(10)你是否会因为在学校没有什么朋友而经常旷课?

从不　几乎不　有时　一半时间　经常　几乎总是　总是

(11)你有多强烈的愿望宁肯和家人待在一起也不愿上学?

从不　几乎不　有时　一半时间　经常　几乎总是　总是

(12)当你一周时间(周一到周五)都不上学时,你在多大程度上会享受于做一些不同的事情(如和朋友们待在一起,去某些地方)?

从不　几乎不　有时　一半时间　经常　几乎总是　总是

(13)当你在周六和周日想起学校时,你是否经常会对学校产生不好的情绪(如恐惧、紧张或悲伤)?

从不　几乎不　有时　一半时间　经常　几乎总是　总是

(14)你是否经常会回避学校的某个特定地方(如走廊、某些人常出现的地方),因为在那儿你不得不和某人说话?

从不　几乎不　有时　一半时间　经常　几乎总是　总是

(15)你有多强烈的愿望宁愿在家接受父母的教育也不愿上学接受老师的教育?

从不　几乎不　有时　一半时间　经常　几乎总是　总是

(16)你是否经常因为想在学校外玩而拒绝上学?

从不　几乎不　有时　一半时间　经常　几乎总是　总是

(17)如果你对学校的情绪没那么糟糕(如恐惧、紧张或悲伤),去上学对你来说会不会更容易一些?

从不　几乎不　有时　一半时间　经常　几乎总是　总是

(18)如果交新朋友对你来说自如一点,是不是去上学会更容易一些?

从不　几乎不　有时　一半时间　经常　几乎总是　总是

(19)如果父母和你一起去上学,是不是去上学会更容易一些?

从不　几乎不　有时　一半时间　经常　几乎总是　总是

(20)如果在放学后的时间里能做更多喜欢的事情,是不是去上学对你来说会更容易一些?

从不　几乎不　有时　一半时间　经常　几乎总是　总是

(21)相比于同龄孩子而言,你对学校的不好的情绪(如恐惧、紧张或悲伤)会多多少?

从不　几乎不　有时　一半时间　经常　几乎总是　总是

(22)相比于同龄孩子而言,你在学校会有多少时间一个人待着?

从不　几乎不　有时　一半时间　经常　几乎总是　总是

(23)相比于同龄孩子而言,你更愿意和父母待在家里吗?

从不　几乎不　有时　一半时间　经常　几乎总是　总是

(24)相比于大多数同龄孩子而言,你是否更愿意在校外找些有趣的事情来做?

从不　几乎不　有时　一半时间　经常　几乎总是　总是

计分方法:"从不"计0分,"几乎不"计1分,"有时"计2分,"一半时间"计3分,"经常"计4分,"几乎总是"计5分,"总是"计6分。把每题的得分填入下面的题号后面,并按要求计算每个维度的总分、平均分和相对等级。

因负面情绪　逃避社交评价情境　为获得他人关注　为获得实质利益

(1)_____　(2)_____　(3)_____　(4)_____

(5)_____　(6)_____　(7)_____　(8)_____

(9)_____　(10)_____　(11)_____　(12)_____

(13)_____　(14)_____　(15)_____　(16)_____

(17)_____　(18)_____　(19)_____　(20)_____

(21)_____　(22)_____　(23)_____　(24)_____

总　　分:_____　_____　_____　_____

平　均　分:_____　_____　_____　_____

相对等级:_____　_____　_____　_____

拒绝上学行为评估量表(父母用)

姓名:_____　　日期:_____

请圈出最适合的答案

(1)因为害怕学校相关的事情(如考试、乘坐校车、老师、火警等),孩子是否经常会对上学产生不好的情绪?

从不　几乎不　有时　一半时间　经常　几乎总是　总是

(2)因为在学校很难和其他孩子交流,您的孩子是否经常会旷课?

从不　几乎不　有时　一半时间　经常　几乎总是　总是

(3)孩子是否经常会觉得宁愿和您或您的配偶待在一起也不愿去上学?

从不　几乎不　有时　一半时间　经常　几乎总是　总是

(4)当孩子一周时间(周一到周五)都不上学时,他/她是否经常会离开家去做一些有趣的事情?

从不　几乎不　有时　一半时间　经常　几乎总是　总是

(5)如果孩子去上学,他/她是否经常会因为感到难过或抑郁而旷课?

从不　几乎不　有时　一半时间　经常　几乎总是　总是

(6)孩子是否经常会因为在学校其他人面前感到尴尬而旷课?

从不　几乎不　有时　一半时间　经常　几乎总是　总是

(7)在学校上学的时候,孩子是否经常会想起您、您的配偶或其他家庭成员?

从不　几乎不　有时　一半时间　经常　几乎总是　总是

(8)当孩子一周时间(周一到周五)都不上学时,他/她是否经常会和其他人交谈或去会见其他人(非家庭成员)?

从不　几乎不　有时　一半时间　经常　几乎总是　总是

(9)相比于在家和朋友们相处的感觉而言,孩子在学校是否经常会感到更糟糕(如恐惧、紧张或悲伤)?

从不　几乎不　有时　一半时间　经常　几乎总是　总是

(10)孩子是否经常会因为在学校没有什么朋友而旷课?

从不　几乎不　有时　一半时间　经常　几乎总是　总是

(11)孩子有多强烈的愿望宁肯和家人待在一起也不愿上学?

从不　几乎不　有时　一半时间　经常　几乎总是　总是

(12)当孩子一周时间(周一到周五)都不上学时,他/她在多大程度上会享受于做一些不同的事情(如和朋友们待在一起,去某些地方)?

从不　几乎不　有时　一半时间　经常　几乎总是　总是

(13)当孩子在周六和周日想起学校时,他/她是否经常会对学校产生不好的情绪(如恐惧、紧张或悲伤)?

从不　几乎不　有时　一半时间　经常　几乎总是　总是

（14）孩子是否经常会回避学校的某个特定地方（如走廊、某些人常出现的地方），因为在那儿他/她不得不和某人说话？

从不　几乎不　有时　一半时间　经常　几乎总是　总是

（15）孩子有多强烈的愿望宁愿在家接受您或您配偶的教育也不愿上学接受老师的教育？

从不　几乎不　有时　一半时间　经常　几乎总是　总是

（16）孩子是否经常会因为想在学校外玩而拒绝上学？

从不　几乎不　有时　一半时间　经常　几乎总是　总是

（17）如果孩子对学校的情绪没那么糟糕（如恐惧、紧张或悲伤），去上学对他/她来说会不会更容易一些？

从不　几乎不　有时　一半时间　经常　几乎总是　总是

（18）如果交新朋友对孩子来说自如一点，是不是他/她去上学会更容易一些？

从不　几乎不　有时　一半时间　经常　几乎总是　总是

（19）如果你或你的配偶和孩子一起去上学，是不是他/她去上学会更容易一些？

从不　几乎不　有时　一半时间　经常　几乎总是　总是

（20）如果孩子在放学后的时间里能做更多喜欢的事情，是不是去上学对他/她来说会更容易一些？

从不　几乎不　有时　一半时间　经常　几乎总是　总是

（21）相比于同龄孩子而言，孩子对学校的不好的情绪（如恐惧、紧张或悲伤）会多多少？

从不　几乎不　有时　一半时间　经常　几乎总是　总是

（22）相比于同龄孩子而言，孩子在学校会有多少时间一个人待着？

从不　几乎不　有时　一半时间　经常　几乎总是　总是

（23）相比于同龄孩子而言，孩子更愿意和您或您的配偶待在家里吗？

从不　几乎不　有时　一半时间　经常　几乎总是　总是

(24)相比于大多数同龄孩子而言,孩子是否更愿意在校外找些有趣的事情来做?

从不　几乎不　有时　一半时间　经常　几乎总是　总是

计分方法:"从不"计0分,"几乎不"计1分,"有时"计2分,"一半时间"计3分,"经常"计4分,"几乎总是"计5分,"总是"计6分。把每题的得分填入下面的题号后面,并按要求计算每个维度的总分、平均分和相对等级。

因负面情绪	逃避社交评价情境	为获得他人关注	为获得实质利益
(1)_____	(2)_____	(3)_____	(4)_____
(5)_____	(6)_____	(7)_____	(8)_____
(9)_____	(10)_____	(11)_____	(12)_____
(13)_____	(14)_____	(15)_____	(16)_____
(17)_____	(18)_____	(19)_____	(20)_____
(21)_____	(22)_____	(23)_____	(24)_____

总　　分:_____　　_____　　_____　　_____

平 均 分:_____　　_____　　_____　　_____

相对等级:_____　　_____　　_____　　_____

第三章 厌学孩子的认知引导

李坤崇曾讲过：班级是教师积善行德的福田，教师是福田的耕耘者、播种者、收获者。教师的喜怒哀乐牵动着学生的乐忧悲欢，教师可以让学生快快乐乐地上学，或悲悲哀哀地上学；可以让学生如沐春风地学习，或如处地狱地学习；可以让学生满怀喜悦地回家，或充满忧伤地回家，这全在教师的"一念之间"。可见，教师对学生怎样引导，引导得好与不好，都在于教师的那关键的一念之间。

厌学使学生对学习形成了否定的反应倾向，包括厌学情绪、厌学态度和厌学行为。对厌学孩子的引导也就应该从厌学态度（认知）引导、厌学情绪引导和厌学行为引导三个方面进行干预。因此，本书特分三章（第三至五章）分别对其进行阐述。

第一节 厌学态度的感知与引导

一、感知自己的厌学心态

（一）你意识到自己在厌学吗？

据调查统计，我国90%的学生存在不同程度的厌学情绪。我们认识世界、记录经验信息的神经系统包括大脑、脑干和边缘系统三个部分。其中大脑（新皮质）是最不诚实的部分，经常让我们有意识地说着言不由衷的话。边缘系统的工作是无意识的本能的，它的"最高指导原则"就是要保证人类这一种族能够生存下去，并随时随地寻找获得安全感或舒适感的机会。所以边缘系统就像一台计算机，能够接收和储存来自外界的所有数据,能够对所有消极事件的经历和高兴事件经验进行编辑和记忆。有了这些信息,我们便能自动应对那个危险甚至邪恶的世界。比如,一旦一个学生的边缘系统的注册表认定学习是危险的活动,这种印象就会被深深植入他的情感记忆之中。当他下次再进行学习活动时,他就会自动做出厌学的反应,或冻结,表现为反应迟钝;或逃避,做与学习无关的事情;或故意跟教师捣乱,故意违反纪律等。但我们发现,很多孩子并没有意识到他们这样就是厌学。

卡罗尔·塔夫里斯等在《谁会认错》一书中,强调认识失调是构成自我辩护的原动力,厌学生也正是要维持偏差的认知与自我行为的和谐,所以才会为自己愚蠢的看法、糟糕的决策,用伤害性行为进行辩护。也就是说,许多厌学孩子,由于存在认知上的偏差,丧失对自我行为和生活的有意识控制,在学习行为上就随心所欲,整天浑浑噩噩,不负责任,就像被催眠了一样。因此,厌学生需要当头棒喝,从梦中被惊醒过来。

(二)感知厌学心态的方法

1. 明确厌学产生的根本原因

要明确厌学产生的根本原因,首先要澄清问题。如一个学生成绩下降了,这不是他的真正的问题,真正的问题是什么因素导致了他当前学习成绩的下降。再如,一个学生找不到实习的机会,但这不是他的问题,真正的问题是什么因素导致了他目前找不到实习机会的结果。

第二,因何至此,找出厌学的根本原因。问题的产生有直接原因和根本原因之别。直接原因是因为他没做什么而导致如此结果,根本原因是他为什么没有去做? 一个学生成绩下滑了,直接原因可能是没有认真听讲,不努力做作业等,但又是什么导致他这样做的呢,很可能的一个原因是他厌恶学习了。这样分析,我们就可以引导学生找到成绩下滑的根本原因是否是厌学。

2. 监测自己的消极思维

思维就像内部的声音,反映着我们对周围发生什么事情的感知。贝克称之为"自动思维"。我们生活中的大部分思维是中性的、无害的,如:"我必须要学习了。""这件事我干得很漂亮。""小宝宝今天走出了他的第一步。"当然也会有一些自动思维使我们难过,如:"这么简单的题目我都没做出来,我太白痴了。""他们不喜欢我怎么办?"对于消极的自我挫败的自动思维,我们很容易识别,因为它们通常都预示着或伴随着不安的情绪。

厌学首先起源于一种认识上的偏差,也常伴随消极情绪,但这种认知偏差很少能够被当事人清晰地意识到。因此,当我们需要检验一个人是否厌学时,让他监测自己的思维是有帮助的,让他对自己的想法进行思考。最好的办法是:每当因为学习而心情不好时,就写下自己的想法,这样做能够辨别与这些想法有关的观念。最好的方式就是借助思维监测表(见表3-1)把那些想法记录下来。因为使用表格有助于我们整理思路,从而使整个过程更容易些。下面举例说明思维监测表的使用,每个人可以根据自己的具体情况进行自我分析。表中虽然都是考试不及格,两个人的感受、想法和信念都有所不同,但总的看,这两个人都具备了产生厌学心理的认知基础。一个是"我笨,脑袋不开窍"这样的信念,另一个是当前的成绩与未来生活无关的认知。而这样的观念只有借助思维监测才能意识到。

表3-1　思维监测表举例

思维监测表	
情况　考试不及格 感受　羞怯,自卑,很强的挫折感	情况　考试不及格 感受　毫不在乎
想法　事情进行得并不如愿,我总是把事 　　　情搞砸 信条　我不如别人,我笨,脑袋不开窍	想法　我就是这样了,没什么大不了 信条　成绩好坏不影响我将来的生活

二、厌学态度的引导

特瑞·霍尼曾言:我思不同,故我在亦不同。这句话说明我们并不是自己遗传基因的囚犯,我们是自己思维的产品。著名的心理学家马斯洛说过:心若改变,你的态度跟着改变;态度改变,你的习惯跟着改变;习惯改变,你的性格跟着改变;性格改变,你的人生跟着改变。可见认识(思维)、态度改变对人生发展多么重要。

(一)厌学生的学习态度

态度是个体对某一对象所持有的评价和行为倾向,也可以说是个体对事物的肯定或否定的内在反应倾向,它是一种相对稳定的心理倾向。学习态度就是学生对学习抱持的积极肯定或消极否定的反应倾向。

学习态度有端正、不端正之分。端正的学习态度表现为:学习认真、勤奋、刻苦努力,注意力集中、认真听讲,努力做到融会贯通、举一反三,课后及时完成作业、力求正确无误,在各门功课上都是一丝不苟、力求全面发展。不端正的学习态度则是:不思进取,及格就行;学习仅仅是为了应付考试或教师家长检查;作业不认真,学习上怕苦怕累;贪玩不愿意学习,借故请假、旷课、甚至逃学等。

厌学表现为认识上存在偏差,情感上消极对待,行为上主动远离学习等,厌学是学习态度不端正的一种典型表现。

(二)引导学生改变厌学态度

很多时候,我们教师会认为,改变一个人的态度很难。因为有些人很固执,而有些人表面上态度改变了,但实际上内心深处原有态度依然如故。形成这种认识,主要是教师没有把握住改变态度的有效方法而造成的。

1. 改变厌学生看问题的角度和方式

艾尔伯特·爱因斯坦说过:没有问题能从产生它的相同的意识层次来解决。因此,要改变厌学生对学习的态度,首先要在引导过程中改变学生的意识层次。那么怎么改变学生的意识层次呢? 咨询师在为来访者咨询时,很多情况下是尽力使来访者转变看问题的角度或方式等,其实就是在提升来访者的意识层次,使其能从一个他以前从未达到过的角度看待问题,这样有利于解决问题、改变态度。同样,教师在引导厌学孩子时,也要能够使他们从更高的意识层次看待自己厌学的心理和行为,这样有助于孩子厌学观点和态度的改变。

我们不妨做个思想实验,说明改变看问题的角度和方式,同时让厌学生认识到,厌学与他们自身的认识因素有着密切的关系。

两个男人：一个富可敌国，但身体赢弱；另一个身体强壮，却贫困潦倒。富人羡慕穷人的健康，穷人梦想富人的财富，两个人都愿意付出一切代价来换取自己所缺少的东西。一位高明的外科医生给他们做了脑移植手术。这样富人有了健康，穷人得到了财富，皆大欢喜。我们接着往下想象会发生什么：昔日的穷人现在过上纸醉金迷的生活，丝毫没有理财经验的他，胡乱投资，很快将财富挥霍一空，再次变得一无所有。但他从不畏惧压力和焦虑的恐吓，即便身无分文也保持着乐观的心态，虚弱的身体反而变得日益健康起来。与此同时，先前的富人得到了强健的体魄后，就开始创造财富，凭借他丰富的投资经验和管理才能，轻而易举再次成为富翁。但是过大的压力和严重的焦虑拖垮了他的身体，他又回到了浑身酸痛、药不离口的日子。穷人和富人都没料到，几经折腾后各自回到了起点。

通过这种特殊的认知方式，很多厌学生能够领悟到，厌学的形成、成绩的落后与自己的思想观念有着密切的关系，这样就会有利于克服自己的厌学心理和行为。

我们对事物的态度取决于该事物所拥有的价值和对个人的意义。价值、意义越重大，人们的态度就越强烈。因此，持"读书无用论"价值观的人对学习是提不起兴趣的，学习态度是极端消极的。对厌学的学生，教师要让学生首先认识到为什么要学习，为什么要上学。

为什么要学习？我们的答案很简单：我们不想一生都做动物，所以要学习！如果不学习，我们将什么都不是！

这个答案深受海茨·封·弗尔斯特的一句话的启发：人并非就是人类，而是成为人类。它暗示我们，人出生后要通过不断学习，才能成长为人类社会中一员。不然，将什么都不是。我们不妨先读读《印度狼孩的故事》。

阅读材料

印度狼孩的故事

1920年在印度加尔各答东北的一个名叫米德纳波尔的小城，人们常见到有一种"神秘的生物"出没于附近森林，往往是一到晚上，就有两个用四肢走路的"像人的怪物"尾随在三只大狼后面。后来人们打死了大狼，在狼窝里终于发现这两个"怪物"，原来是两个裸体的女孩。其中大的年约七八岁，小的约两岁。这两个小女孩被送到米德纳波尔的孤儿院去抚养，还给她们取了名字，大的叫卡玛拉，小的叫阿玛拉。到了第二年阿玛拉死了，而卡玛拉一直活到1929年。

据记载，印度"狼孩"刚被发现时用四肢行走，慢走时膝盖和手着地，快跑时则手掌、脚掌同时着地。她们总是喜欢单独活动，白天躲藏起来，夜间潜行。怕火和光，也怕水，不让人们替她们洗澡。不吃素食而要吃肉，吃时不用手拿，而是放在地上用牙齿撕开吃。每天午夜到清晨三点钟，她们像狼似地引颈长嗥。她们没有感情，只知道饥时觅食，饱则休息，很长时间内对别人不主动发生兴趣。不过她们很快学会了向辛格的妻子去要食物和水，如同家犬一样。只是在一年之后，当阿玛拉死的时候，人们看到卡玛拉"流了眼泪——两眼各流出一滴泪"。

据研究，七八岁的卡玛拉刚被发现时，她只懂得一般6个月婴儿所懂得的事，花了很大气力都不能使她很快地适应人类的生活方式，2年后才会直立，6年后才艰难地学会独立行走，但快跑时还得四肢并用。直到死也未能真正学会讲话：4年内只学会6个词，听懂几句简单的话，7年时才学会45个词并勉强地学几句话。在最后的3年中，卡玛拉终于学会在晚上睡觉，她也不怕黑暗了。很不幸，就在她开始朝人的生活习性迈进时，她死去了。辛格估计，卡玛拉死时已16岁左右，但她的智力只相当于三四岁的孩子！

"狼孩"的事例告诉了我们一些什么呢？

首先，"狼孩"的事例，说明了人类的知识和才能并非天赋的、生来就有的，而是人类社会实践的产物。人不是孤立的，而是高度社会化了的人，脱离了人类的社会环境，脱离了人类的集体生活就形成不了人所固有的特点。而人脑又是物质世界长期发展的产物，它本身不会自动产生意识，它的原材料来自客观外界，来自人们的社会实践。所以，这种社会环境倘若从小丧失了,人类特有的习性、智力和才能就发展不起来。

其次,"狼孩"的事例说明了儿童时期在人类身心发育上的重要性。人的一生中,儿童时期在生理上和心理上都是一个迅速发展的时期。例如,仅就脑的重量而言,新生儿平均约390克,9个月的婴儿脑重560克,2.5岁到3岁的儿童脑重增至900~1 011克,7岁儿童约为1 280克,而成年人的脑重平均约1 400克。这说明在社会环境作用下,儿童的脑获得了迅速发展。正是在儿童时期,逐步学会了直立和说话,学会用脑思维,为以后智力和才能的发展打下了基础。"狼孩"由于在动物中长大,错过了这种社会实践的机会,这就使她们的智力水平远远比不上同年岁的正常儿童。

所以说:家庭是孩子的第一也是最高学府,父母家长是孩子的第一任也是相伴最长久的老师。请谨记:诸事皆可实验,唯教子不可重来。

(材料来源:[2011-10-26].http://www.changanedu.com/blog/u/liaozhenyu/archives/2011/5964.htm)

为什么要上学呢?因为"经验是最好的老师——只是学费太高",托马斯·卡莱尔这样告诫人们。还因为未成年人上学是人类社会发展的必然结果。在学校里,你不但要学习各门科学文化知识,还要掌握科学学习方法和研究方法,学会与人交往,为你将来一生的发展奠定良好的基础。上学可以给予我们下面的好处:

第一,上学能为你提供良好的学习环境和系统的知识体系。

第二,学校是未成年人从家庭迈向社会的中转站。

第三,父母没有足够的时间、精力或能力照顾你、帮助你学习,学校却可以做到。

如果你厌学,不想上学,你想做什么?请在下面的横线上写下你的答案。

_____

_____。

然后,思考当学校能给予你的好处时,你做你想做的事是否也能成功?

2. 摆脱思想上的束缚

阿赛吉奥尼总结出一个基本的心理学原则:我们受制于许多与自己相联系的事物,而当我们与这些事物脱离时,就能统治、控制一切。每个人头脑中都贮存了大量的无意识的观念,这些观念影响支配着人们的行为,但我们却一点都不了解这些观念本身。这些观念就是制约我们又与我们相联系的事物。这个心理学规律中所说的与束缚我们的事物脱离,实际上是在思想上暂时不考虑,即摆脱思想上的束缚。当一个厌学的学生总是把自己与落后的学习成绩、讨厌学习联系在一起,捆绑成一体,那他的思想会受制于这些观念,因为这一思想表现出一定程度的自卑和厌倦心理,使他过早地断定他是不能成功的。要想让厌学生改变学习态度,一定要让他们在思想上能够与落后的学习成绩、讨厌学习分离开来,只有这样才具备能做通思想工作的一个重要前提。这也是很多通过发现孩子优点、鼓励孩子发扬优点的教育方法有效的重要根源,因为在这样做的过程中,孩子们忘掉了自己的缺点,与束缚自己的消极观念相脱离了,所以他们自由了,很快就能够返回学习的坦途。

但爱德华·德博诺认为,逻辑并不能改变我们的情感和行为,而是感知。因此根据这一原理,我们采用的训练方式没有从说服上展开,而是运用了较为特殊的感知训练方式。你尝试进行下面的练习,可以单独做,也可以与同伴或小组一起做,分享体验会更有帮助:

(1)花些时间写下九个词或短语描述你自己。每个写在单独的纸上,并按重要性排序。把你认为写着对你最本质描述的那张纸放在最下面,最不重要的那张放在最上面。准备慢慢做练习。

(2)放松练习(详见情绪引导部分放松训练)。

(3)看看最上面那张纸对你的描述,让自己充分体会其含义以及给你的感觉。接受这种描述,体验它,成为它。花几分钟时间认识到这个自我描述的所有含义。

(4)现在把这张纸反过来,想象如果没有它,你会对自己有什么感觉? 没有这个特定的描述,你是什么样的? 抛开这个描述会有什么感觉? 尽可能彻底摆脱它,看看有什么体验?

（5）当你感觉已经彻底摆脱了这个描述时，看看下一张纸，思考第二个描述的含义。每张纸都重复这个过程，对每个描述都花足够的时间去体验，然后摆脱它。注意：即便是在想象中，摆脱一个东西也是很难的。如果发现自己难以按练习要求去做，不要灰心，知道你的抗拒心理就行了，不要管它。

（6）根据指示做这个练习，尽量投入更多的情感。没有人会评价你的表现，这只是了解自己的一个方式。当你对每张纸都完成了同样的工作，翻过了包含着最重要描述的最后一张，并且摆脱了这个描述；花时间体验一下，在没有了自己给自己的那些描述之后，你自己有什么感觉。没有了那些角色特点，你是谁呢？据此冥想"你是谁?"这个问题，不要试图寻找到任何答案。让这个体验成为安静的、没有语言的过程。

（7）过一段时间(你愿意多长就多长)，把注意力收回到那些纸上，把最后一张纸翻过来，再想象你把它放回去。把你对自己的描述拿回来，注意你做这件事时的情感。你对这个特点的描述有什么感觉？慢慢地花足够多时间来体验拿回每个描述时的情感，以相反的顺序拿回所有描述。

（8）想想摆脱它们又把它们拿回来的体验。没有它们，你是什么人呢？你与描述的你有什么不同呢？

怎样体验这个练习没有正确与错误之分，它只不过给了你一个机会，使你能够在你为自己创造的这个世界上的种种面具和身份背后发现你到底是谁。

当厌学生通过上述练习认识了真正的自我，摆脱了消极自我角色的束缚，我们就能进一步利用积极暗示(自我肯定)，改变厌学生的学习态度和积极性。

苏联学者索洛维奇克对三千名没有学习兴趣的学生进行过实验。他让学生学习前做好思想准备，你对某一门学科不感兴趣吗？那么在学习这门课之前，你就要充满自信地想象这门课非常有趣，然后开始学习，坚持一段时间就会对这门课产生兴趣。如果对数学不感兴趣，在开始学习之前就想象数学学习的重要性，并说："数学，我喜欢你！学好数学多么重要，很有意思，我会高兴地学习数学。"在学习时，努力去学习，多花些时间更细心地思考、理解和记忆，掌握了知识技能，就能产生兴趣。这种心理练习,一次也许效果不够明显,这样坚持十几次、几十次,就会改善学习心境,使你处于从容、轻松、满怀兴趣的状态中进行学习。

3. 掌握正确的判断标准

态度是一种反应倾向,必然有一个选择过程。在这个选择过程中,怎样使学生的选择趋于正确,不至于因选择失误而导致消极结果呢? 我们给出一个原则性判断标准:假如它真的对你有贡献,它是对的;假如它阻止你的发展,它是错的。这个原则性标准可以评价自己的思想和行为,也可以评价别人的思想和行为。利用这一判断标准,我们可以有意识地采取决定,决定吸纳什么样的态度,是否改变行为方式等。例如,生病了该吃药,每个人都会认可,因为我们知道吃药行为的选择对身体恢复健康是有贡献的,所以是对的。但是对于另外一些复杂事件,我们的判断恐怕就没这样清晰了。比如,厌学生受到老师的点名批评,作为学生应该怎样对待这一事件呢? 我们不妨用这一判断标准来帮助厌学生做出选择——消极对抗或接受批评。我们可以帮助学生分析,老师的批评是否对学生自身发展有一定贡献:①批评是表扬的前提,只有受到批评,才能改进,后得到表扬。②批评是受到重用的标志——特别是班干部层次,干得越多错误也相对越多。③直截了当的批评说明老师与你关系较为亲近,以后你可以多请教老师。④批评是前进和完善的原因。因此,学生就会认为教师的批评是对的,为接受批评奠定了基础,还会让学生进一步明白,接受批评而能采取积极反应的态度是强者的优秀品质,引导学生进行行为和态度的调整,最终目的是摆脱厌学这种不良心态。

有些情境下,不能直接用是否促进发展的标准进行判断,我们要用另一个标准:我是否必须做,不做会有什么后果? 以此作为选择做什么事情的依据。当我们得知不做会有什么不好的后果,而且性质较恶劣时,我们的回答只能是"是的,必须做"。相反,当不做某事,对个体影响不大时,我们就可以暂时不做。

4. 使用"迈克尔6问"

在运用"迈克尔6问"说服厌学生时,首先强化厌学生的自主权。之所以要这样做的原因是迈克尔相信:其一,没有人必须要做某事;选择权永远在你自己手上。其二,每个人都已经拥有足够强烈的动机。因此,这就要求在合理范围内,采用最能够强化自主权的措施强化厌学生的自主权。例如,你可以说:"喜欢或讨厌学习,是你的选择,这完全由你决定。"还可以进一步说:"你是自由的,你想做什么就做什么。"此时,大部分厌学生已经打消了戒备心理,愿意继续听下去你会怎么说了。

然后你可以商量的语气说,我可以问你几个问题吗?当得到对方允诺后,便可以开始"迈克尔6问"的程序了。

第一问:你为什么想做这件事?对于厌学生,此问题不能直接问"你为什么不想学习?"我们可以这样展开谈话:"假设你很想学习好——我是说假设,那么你想学习的原因是什么?"当然,这一步需要较长的时间和耐心等待学生说出尽可能多的答案,或让学生把答案写在白纸上。然后,从众多答案中选择一个学生最认可的。

第二问:你怎样想做这件事——1~10中选择一个数字,1代表"一点也不想",10代表"很想"?对厌学生这样说:好的,现在,要是从1~10中选择一个数字,其中10代表"你非常想学习",1代表"你根本不想学习"。那么,你现在想要学习的愿望有多强烈?此时学生可以做出自己的判断,选择一个1~10的数字表达他想学习的愿望。

第三问:你为什么没有选择更小的数字?(如果对方选择的是1,重新问一遍第二个问题,不过这次略微迈进一小步,问对方:如果要从1变到2,需要做什么?)当厌学生选择的是2以上的数字时,我们就可以直接问:你为什么没有选择更小的数字?当厌学生选择的是1时,我们就问:如果你想学习的愿望从1变到2,需要做什么?这样就使厌学生发现自己其实并不像自己想象的那样讨厌学习,也就会进一步激发厌学生想学习的动机。

以上三问,都是在从正面角度让厌学生发现自己学习的内在动力,很多厌学生都会产生一种诧异感,觉得自己还是对学习很有感情的。下面,要乘胜追击,继续第四问。

第四问:设想一下,如果你做到了,会发生什么好的结果?对于厌学生,就应该这样问:现在你变得爱学习了,你正在学习,非常认真、全神贯注地学习着。你设想一下结果会如何,也就是说,学习会给你带来什么好处?学生会设想出学习给他带来的好处和有用的结果。

第五问:对你来说,这些好的结果为什么非常重要?针对厌学生前面所说的结果提问,刚才你所说的学习带来的好处,如:"……,这对你来说为什么很重要?"学生通过思考,确定学习结果重要性的个人理由。

第六问:接下来你会做些什么,如果你想做的话? 可以适当重复厌学生的答案,然后顺着厌学生的回答,可以问:那么,接下来你想做什么? 等待学生的回答。

当然,并非所有情境下,"迈克尔6问"都能进行得很顺利。不过,在想说服他人时,"迈克尔6问"的确更能让你取得显著进展,关键是找出对方心中最微弱的火花。

(三)培养稳定而积极的学习态度

很多时候,教师帮助厌学生端正了学习态度,但是新的学习态度并不稳定,还需要进一步跟进,发现学生的优点,并及时肯定和赞扬,在不足方面多给予支持和鼓励,使积极肯定的学习态度能够保持下去。学习成功来自于对学习的稳定而积极的态度。学生既要有强烈的求知欲,又要有勤奋刻苦的意志力,只有这样才能学得好。

关于积极的学习态度的培养,我们采用心像学的心像图来进行。所谓心像图就是放映在心幕上的影片、图像。因为思想的过程本身就是心中影像的放映,这就是为什么建设性的思想对我们的健康和快乐不可或缺的原因。

阅读材料(心像图)

如何获得成功

一个年轻人想要获得成功。他听说一个智者知道成功的秘密,于是他就去找智者。经过漫长而艰苦的长途跋涉,年轻人终于找到了智者。

"大师,我请求您教我如何成功的秘诀!"年轻人对智者说。

"你想获得成功就跟我来吧!"智者对年轻人说。

智者带着年轻人来到海边。智者继续往前走,直到走进大海。他的身体已经被海水淹没,但是他仍然向大海深处前进。

突然,他转过身将跟在自己身后的年轻人的头按在水中。

年轻人拼命挣扎,最后终于摆脱了。这时智者紧紧握住年轻人的手。一分钟后他放开了年轻人。年轻人跳出水面大口地喘着气。

"蠢货,你想淹死我吗?"年轻人愤怒地朝智者喊叫。

"如果你想获得成功的愿望像是要呼吸到新鲜空气这样强,你就找到了成功的秘密!"智者说。

成功的秘密就像求生一样——既要有强烈的欲望,又要拼命地去追求,决不放弃!

(材料来源:卡耐基.卡耐基大全集[M].赵建勇,编译.北京:华文出版社,2011.)

把这个故事印在大脑中,记住它,时时想起,就会让我们大脑中自然生发出智慧来,使人们保持积极的学习心态。

第二节　孩子厌学的团体心理辅导

一、团体心理辅导简介

(一)团体心理辅导的含义

团体心理辅导是在团体的情境下进行的一种心理辅导形式,它是通过团体内人际交互作用,促使个体在交往中观察、学习、体验,认识自我、探索自我、调整改善与他人的关系,学习新的态度与行为方式,以促进良好的适应与发展的助人过程。团体按功能的不同可以分为两类。

(1)"成长性"的心理团体:注重成员的身心发展,协助成员自我认识、自我探索进而自我接纳、自我肯定;注重成员生活知识和能力的充实以及正向行为的建立。学校中的心理团体辅导大多是这一类型。

(2)"治疗性"的心理团体:注重成员经验的深层解析、人格的重塑与行为的重建。对于厌学生展开的团体心理辅导就属于此类。

(二)团体心理辅导的理论基础

群体动力学是团体心理辅导的重要理论基础之一。一个良好运转的团体,具有吸引各个成员的凝聚力。这种力量来自成员对团体内部建立起来的一定的规范和价值的遵从,它使个体的动机需求与团体目标紧密联系,使得团体行为深深影响个体的行为。勒温认为,整体比部分重要,群体作为一种内在的关系组成的系统,其影响力或作用远大于孤立的个体。因此,团体心理辅导比个别心理辅导有更大的影响力和更好的辅导效益。班杜拉在社会学习理论中指出,学习是直接经验学习和间接经验学习的综合。实验表明,观察他人的行为及其结果,有替代强化的作用。人从一出生就处于不断成长及改变自身的过程中,人的潜能随着对社会的适应与再学习而不断增长。在团体心理辅导中提供了有指导的社会学习情境,通过团体的经验与现代心理学智慧,增进个人身心的健康发展。此外,卡尔·罗杰斯以人为中心的咨询理论,柏恩的交互作用分析理论及社会心理学中关于人际沟通、信息传播、人际吸引等的研究,也是团体心理辅导的重要理论基础。真诚而又温暖的团体气氛有助于人与人之间建立良好的关系,在互相关心和帮助中克服恐惧、焦虑心理,建立安全感;在这样的团体中可以使人更多地开放自己,增进相互了解,在交流中取长补短。

(三)团体心理辅导的组织和实施

1. 确定团体心理辅导的目标及活动名称

团体目标要注意有针对性,并具有可操作性。团体目标越具体、越明确,越具有指导意义。越具有操作性的目标才容易评价其实现的程度。

团体活动名称要有吸引力,积极正向,并能够体现本团体的目的。团体活动名称不要使用容易出现理解歧义的词句,题目太小或太大都不切合实际。活动名称要符合对象的年龄特点,容易使人接受。针对学生的团体辅导活动名称最好由师生共同制定。

2. 设计团体活动的方案及程序

要注意几个要素:团体成员的特点、团体的规模、团体活动的时间和频率、团体活动的场地、团体活动所需的设备材料。特别要考虑一些常用的团体辅导游戏活动,根据本次设计的目的、人数以及场地器材等情况,需要做哪些变通。

3. 甄选团体成员组成团体

(1)通过海报、校园广播、校园网、学生电视台、校刊校报等各种宣传途径,让全体学生了解将要举办的团体心理辅导的主题和有关事项。

(2)招募团体成员。通过宣传途径了解开班信息及自愿报名的参加者,通过咨询员根据平时的咨询情况给出建议而报名的参加者,通过如班主任、任课教师等途径介绍、动员而来的参加者。

(3)团体成员的筛选。通过面谈、心理测试结果,筛选确定合适的成员。

(4)宣布团体纪律:坦率真诚,保守秘密。

4. 实施团体咨询计划

(1)关系建立阶段(一般用1~2次活动时间完成)。

创设和谐、温暖、理解的团体心理氛围,使团体成员有安全感、肯定感、归属感。在活动开始,可以设计一些游戏,通过游戏让成员彼此相识、彼此认同,消除沟通的障碍,引发成员参加团体的兴趣和需要,促进成员参与互动活动。

(2)主题实施阶段(一般用6~8次活动时间完成)。

营造充满理解、关爱、信任的气氛,创设特殊的游戏或讨论情境,使成员通过对他人的行为进行观察和模仿来学习和形成一种新的行为方式。成员开始融入团体之中,并找到自己在团体中的位置。他们彼此谈论自己或别人共同关注的问题,分享成长体验,争取别人的理解、支持,利用团体互动,增强对自我与他人的觉察力,把团体心理辅导作为练习和改善自己的心理与行为的实验场所,以期能扩展到社会生活中去。每次活动后,团体指导者还要请成员做出反馈,及时交流种种新的认识及感受。

(3)团体结束阶段(一般用1~2次活动时间完成)。

经过多次成功团体心理辅导之后,成员之间已建立了亲密、坦诚且相互支持的关系,对团体心理辅导的结束可能会感觉依依不舍,有的还可能有强烈的情绪反应,因此系列团体辅导要提前几次预告团体活动的结束。

要处理可能的分离焦虑,做好结束活动,这对巩固团体心理辅导的成果非常重要。我们设计游戏活动的主要目的,是为了使成员能逐步摆脱对团体的依赖,把团体学习成果应用到日常生活中;而团体成员之间在可能的情况下也可以继续保持联系,在必要时可互相鼓励、互相帮助。

另外,成长评价也是团体心理辅导结束阶段的一个重要程序,让成员填写成长评定量表,交流个人的心理体验和成长经历。

5. 对团体咨询的结果总结评估

对参加团体心理辅导的成员,在团体心理辅导班结束后的一定时间内要做跟踪观察,并得到反馈。通过班主任、任课教师、家长、同学侧面了解他们的学习、生活、情绪状况,特别是了解他们对团体心理辅导探讨的主题在现实生活中的应用能力,调查团体经验应用于真实生活的实效。

二、团体心理辅导在厌学矫治中的应用

(一)团体心理辅导对厌学干预的优越性

首先,目前在一些年龄阶段,厌学现象比较普遍,人数众多。团体心理辅导比个别咨询更加节省人力和时间,还能扩大咨询的社会影响,能在较短时间内帮助到更多的厌学孩子。

其次,团体心理辅导让厌学孩子了解认识到别人也有跟自己相同的问题,自己支持别人,也得到别人的支持,可以减轻自身特殊压力,有种如释重负的感觉,从而能以平和的心态寻求问题解决的办法。

再次,在团体心理辅导中,厌学生还能体验到自己在同伴中能够有所作为,在交往中有所收获,凡此都能增进自信心和安全感。良好的伙伴关系是积极的自我调节形成的一条重要途径,为厌学孩子积极向上开辟了另外一条崭新的道路。

最后,在团体心理辅导的初期,参加成员都要签署契约,包括后期的交流鼓励、改变不当行为的相互之间的承诺与监督,这些对团体成员来说具有强烈的约束作用,能够使行为改变得到长期坚持和巩固,有利于彻底改变厌学孩子的不良心态和行为。

(二)厌学团体心理辅导的操作过程

1. 辅导理念

厌学团体心理辅导理念以认知行为治疗理论为指导。认知行为治疗是由一系列技术和方法构成,世界各地的很多研究人员和临床医生为这些技术和方法的形成做出了贡献,形成了不同流派,且不同流派所使用技术和术语都有不同。但是,所有认知行为治疗方法都关注两个关键方面:纠正认知和改变行为。纠正认知就是学会识别那些使我们感到难受的想法和信条,并把它们改变成更有益、更健康的思维方式;改变行为就是去做那些让我们在各种场合都能反应恰当、感觉良好的事情。这些好的行为包括勇敢地面对我们害怕的情境,果敢地交流,练习深度放松等。一个人获得新生的关键在于他今后做什么。

在团体心理辅导过程中,以成员的认知和思维方式改变为重心。同时团体指导者要坚信学习是学生的基本需要,即使学习成绩最差的学生也不例外。要真正消除厌学孩子的厌学心理和行为,必须将认知和行为结合起来,使团体成员在认知上澄清问题,深刻理解厌学形成的根源,同时还要改变行为,通过行为反馈进一步矫正、强化、完善认知,使两者相辅相成,达到完整同一的适应结果。

2. 厌学团体心理辅导的基本过程

第一,认知自我,宣泄负面情绪阶段。这是认知行为治疗的开始阶段,主要是将团体活动集中于某一具体学习情境内容上(如听课),让团体成员诚实地讲述自己在上课时最苦恼的事、相应表现及存在的困惑与不足。

第二,厌学问题的分析阶段。在此阶段,动员所有成员共同分析某一问题或某类问题,找出原因,提出解决办法,使每位成员都主动思考"我该做什么""我能做什么"等问题,并在讨论中找到自己与别人在认知和行为上的差异之处,增强对自己的理解性,增强自信心和尝试的倾向。

第三,行为尝试训练阶段。这是整个过程的重要环节,要求团体成员共同找到解决问题的方法,给予时间进行尝试,记录自己的变化、感受,并在活动中讨论交流,从而确定解决方法在个体成员身上的可行性、有效性、适当性如何。在整个尝试阶段,要注意所采用方法的难度,考虑成员的现状和年龄特点,活动要尽可能有趣味性,更重要的是要使所有成员在尝试中体验到"努力就会成功的感受"。

第四,反馈调节阶段。根据尝试训练阶段的团体成员完成的作业、感悟和收获,评价优劣,调整不恰当策略,鼓励好的策略,指正不良策略。

在整个过程中,要注意推动发展同伴关系,增进友谊,建设团队的支持、互助氛围,增强团队的凝聚力和约束力。

小　结

(1)很多孩子并没有意识到他们的行为就是厌学,可以教会学生通过明确厌学产生的根本原因、监测自己的消极思维等方法意识到自己已经厌学了。

(2)厌学表现为认识上存在偏差,情感上消极对待,行为上主动远离学习等,厌学是学习态度不端正的一种典型表现。可以通过改变厌学生看问题的角度和方式、摆脱思想上的束缚、掌握正确的判断标准、使用"迈克尔6问"等方法改变厌学生学习态度的偏差,从而达到纠正厌学心理和行为的目的。

(3)团体心理辅导对厌学干预具有更多的优越性。认知行为疗法是厌学生团体心理辅导的一种有效的方法。认知行为疗法关注两个关键方面:纠正认知和改变行为。纠正认知就是学会识别那些使我们感到难受的想法和信条,并把它们改变成更有益、更健康的思维方式;改变行为就是去做那些让我们在各种场合都能反应恰当、感觉良好的事情。

思考题

1.厌学生的学习态度如何? 怎样让他们意识到其厌学心态?

2.如何纠正厌学生不良的学习态度?

3.厌学生团体心理辅导应如何开展?

参考文献

[1] 埃德尔曼.思维改变生活[M].黄志强,殷明,译.上海:华东师范大

学出版社,2008.

[2] 法朗西斯·沃恩.唤醒直觉——超越理性的认知方式[M]. 罗爽,译.北京:新华出版社,2000.

[4] 樊富珉.团体心理咨询[M].北京:高等教育出版社,2005.

[5] 霍华德·维恩.知己知彼知心术——当代美国最流行的心像学[M].朱文光,译.北京:中国友谊出版公司,1989.

[6] 李杨.大学生厌学的有效干预模式——团体心理咨询[J].国际中华应用心理学杂志,2006(4).

[7] 迈克尔·潘塔隆.6个问题竟能说服各种人[M]. 路本福,译.南京:江苏文艺出版社,2012.

[8] 杨昭宁,井维华,韩仁生.现代心理学[M].济南:山东人民出版社,2009.

进一步阅读文献

[1]《6个问题竟能说服各种人》

导读:《6个问题竟能说服各种人》一书由美国心理学家迈克尔·潘塔隆著,路本福译,江苏文艺出版社2012年出版。该书着重介绍了"迈克尔6问"的内容及实施过程,在不同条件下怎样应用等问题。"迈克尔6问"是全球心理学界最著名的说服模式,它能迅速地将对方引入你预先设定的思维模式,让他人在不知不觉中被说服。这本书对于教师改变学生的厌学态度具有重要参考价值。

[2]《团体心理咨询》

导读:《团体心理咨询》由樊富珉主编,高等教育出版社2005年出版。樊富珉系清华大学心理学教授,心理辅导与咨询博士生导师,现任中国心理卫生协会大学生心理咨询专业委员会理事长。本书由具有心理咨询与治疗实践经验的专家、学者共同编写,全面论述了团体心理咨询与实践的理论与实践问题。

第四章　厌学孩子的情绪引导

　　控制情绪是件很难的事情,但对于取得事业的成功与和谐的人际关系却又是必不可少的。例如,因为人们有害怕失败或想在观众面前有良好表现等情绪,而这些情绪会激励他们反复练习,直到使其思维技巧和能力发挥到极致。因此,情绪是激励人们学习和练习的最大动机。但有时,情绪也会导致草率、冲动行事。所以,那些不会控制情绪的人常常会因此走向危险或破坏性的道路,毁掉自己的一生。因为情绪控制能力不是天生的,是需要学习和训练的,所以教师要引导学生学会控制自己的情绪。如果一个人在青少年时期就学会了控制情绪,他就会成为生活的强者。

　　拉森认为,情感的流露并不是在很多地方都会有的,他在家庭中发生的频率比其他地方高得多,而且它基本不会在班级中流露,因而情感表达需要一个信任的环境。因此,教师要是能够创造出一个安全的班级环境,能够引导学生合理表达情感,就能减轻学习的压力。

第一节　厌学情绪的调节

一、厌学是一种不恰当的消极情绪

　　在很多情况下,感到忧伤、后悔、烦恼或者失望并无不当。如果我们失去了一件宝贵的物品,当然感到忧伤;如果我们不能达到某个目标,感到失望也是很正常的事;如果我们发现自己做的某事对别人造成了伤害,感到抱歉也是对的;如果遇到不公正的待遇,我们有理由很生气。这是因为在不同的场合,我们的情绪反应会与情境相一致,这也是健康的心理反应。阿尔伯特·埃利斯认为,不恰当的情绪是指这样一些情绪:抑郁、焦虑、绝望、感到自己毫无价值等,更为重要的是这些情绪不但于事无补,而且只会使糟糕的情况变得更糟,产生更多的挫折感。例如,某人的妻子在两年前由于癌症去世了,他很悲痛。对于失去妻子来说,悲痛是很正常的,然而他的自责和愤恨则不必。他责怪自己不是个合格的丈夫,责怪医生不能治愈他的妻子。也就是说在悲痛之外,他生出了很多痛苦,如自责、愤恨等。

厌学情绪就是这样一种不恰当的消极情绪。也就是说厌学情绪不但于糟糕的学习成绩无补,甚至使落后的学习成绩更加糟糕。厌学情绪是怎样发生的呢?

心理学告诉我们,我们的情感在很大程度上取决于我们的认知。我们在某一时刻感到欣喜、失望还是忧郁,取决于相关的思想和观念。当一个学生考试成绩很差时,他会认为"我不如别人",从而产生自卑。或者当一个学生的成绩没有达到他的预期时,他会认为"事情进行得并不如愿",会产生受挫感受。与人交往中,受到老师的批评或同学的指责,他可能认为"那个人坏透了",产生厌恶情绪等。我们不难理解,这些学生产生如此情绪,并不完全是由于这些事件本身,对于这些事件的思想和观念,才是决定产生何种情绪的重要因素。如当考试成绩差时,"我不如别人"的看法并不是唯一的思想,学生完全可以认为"我努力还不够""我只要努力下去一定能考好的"等,克服无能感和自卑,并激发出更大的努力欲望。这种因不如别人产生的自卑感会给自己带来更多的消极影响,导致恶性循环。同样,厌学情绪,对于学生学习会徒增很多困难,属于不恰当的消极情绪。

二、厌学情绪调节的原理

情绪调节是指对情绪发生、体验与表达施加影响的过程,其目的是使情绪受到控制,尤其是消极情绪。亚里士多德说过,生命的本质在于追求快乐。使得生命快乐的途径有两条:第一,发现使你快乐的时光,增加它;第二,发现使你不快乐的时光,减少它。亚里士多德的话告诉我们,要快乐就需要我们自己去探索,即进行主动的情绪调节。但他并没有告诉我们怎样增加快乐时光或减少不快乐时光。

(一)改变思维就能改变情绪

人们常常认为人生是个容器,盛着各种思想以及由这些思想引发的快乐或者悲哀。其实更确切的理解应该是"人是导管"。首先是各种思想判断流过,然后快乐流过、悲哀流过。导管只是导管,各种思想观念、快乐和悲哀流过,一直到死,导管就空了。从中我们不难看出,由于人生并非容器,不必时刻装着快乐和悲哀,人生是根起过渡作用的导管,快乐和悲哀是由个人的思想引发而流淌的,因此人们完全可以通过控制导管里的思想来控制导管里流动的是快乐还是悲哀。

尽管我们常常意识不到,但我们确实一直在进行思维,而且我们的思维时刻在影响着我们的情绪。当发生某一件事时,我们立即就会对事件的意义给出解释。不论解释是否正确,我们都倾向于相信自己的想法。例如,当一个学生在课堂上不停地交头接耳,那么你自然会根据以前的经验想:"这个学生太没有礼貌了,我必须给他一定惩罚!"因此,你就会生气。但你也可以从另一个角度认识此事,这是此学生想要引起别人注意的自发冲动行为,我偏偏不让他得逞,就不理他,那你还生气吗?

为了让学生更深刻体验思维和情绪的密切联系,教师可以组织学生进行下面的练习。

看看你的周围,按顺序完成下面的句子。完成第三句后,回到第一句。依此顺序,尽可能多的重复15分钟。

(1)现在我注意到……(记下你看到或听到的内容,如人物、颜色、声音、味道、结构等);

(2)现在我想到……(记下你此时此刻所想的事情,如想法、判断、内心对话等);

(3)现在我觉得……(用一个词描述你的情绪)。

结束后,看看答案,你会发现即使在15分钟内,你的情绪变化也非常大。注意分析每种情绪中,你观察到了什么,思考到了什么。

重复上述测验,尽可能在15分钟内增加积极的情绪次数。你可以通过改变观察的角度,对更多正面事物进行思考,这会令你感觉更愉快。

如果想提高适应性思维,则可依照上述顺序重复练习;如果想提高注意力跨度,那么每次尽量增加练习次数;如果想提高思维灵敏性和速度,就尽量快速重复练习,不要停顿。通过练习你会发现,思维能改变你的情绪,而你的思维又与你的注意力联系在一起。经常重复练习,你就能够掌握如何通过改变观察角度来控制你的注意力,进而控制你的思维和情绪。

(二)改变行为也能改变情绪

行为可以从两个方面来影响情感。首先,某些行为对改善情绪有直接效果。如:当有时你感到沮丧,然后你给朋友打电话,打完电话后你是否感觉好一些呢?或者你通过参加体育运动、聆听音乐,投身到有趣的事情中去,从而改善自己的情绪。其次,某些行为是通过他们对认知的作用来间接影响我们的情感方式。我们的很多行为能够支持或者强化我们已有的认知。例如,逃避社交可以强化这种观念:我们不够出色,别人不喜欢我们。这种观念回过头来让我们感到孤独、忧伤,这种情绪使人更加逃避社交活动,更加闷闷不乐。

改变行为可以改变情绪。改变行为,有助于我们从不同角度考虑面临的问题,从而觉得好受些。例如,主动地结交某个人,有助于瓦解原来"我不可能和他交上朋友"的观念,而新的认识("只要努力,我就能结识新朋友")能让我们感觉更好些。斯科特·佩克在《少有人走的路》一书中说,勇敢不是没有畏惧,而是在畏惧的同时仍然愿意采取行动,在行动中实现情绪的改善与调节。布朗也通过实验证明,运动是治疗沮丧的天然良药。他将101位沮丧的学生分成两组:运动组和不运动组。结果表明,两星期慢跑五天,十星期就能明显地降低沮丧情绪,而一星期跑三天的人也有同样的成绩。但在这期间不运动的人,却没有任何改变。

三、厌学情绪调节的策略

(一)认知重评策略

情绪调节有两种普遍策略:一是认知重评,另一种是表达抑制。认知重评是指改变对情绪事件的理解,改变对情绪事件的个人意义的认识。表达抑制是指对情绪反应行为直接压抑,使情绪行为不表现出来。与表达抑制策略相比,认知重评策略能更好地降低情绪体验、减少生理反应和交感神经系统的激活。而表达抑制虽能降低情绪行为,但是生理反应、交感神经系统激活却增强。神经病理学的证据表明,相对于表达抑制,认知重评策略能更好地调节情绪、有利于身心健康。

下面介绍利用认知重评策略如何进行情绪调节:

第一步:利用8分钟写出足够多的"此时此刻"的句子,主要表达此时此刻自我意识到的(与学习相关的)感受和体验。例如,一想到学习、考试等,我就心里着急。

第二步:自我检验一下为什么停止了书写。

第三步:认知重评。学会站在他人(英雄、熟人、朋友等)角度重新认知这件与情绪有关的事;或是思考:这样能使自己更快乐吗,应该怎样?或思考:这件事对我有什么好处? 例如,当受到批评时,从别人角度看这个问题,别人受到过批评吗,比我受到的批评更严厉吗? 别人会怎样看待我受到批评这件事呢? 或从相反角度思考"被批评意味着自己对批评者很重要"等。对于厌学生来讲,让他们重新思考:站在他人的角度应如何看待自己当前的厌学状况? 或我的厌学情绪能使自己更快乐吗? 或我的厌学状况对我有什么好处呢? 对于这些问题的思考和回答,会深刻地转变厌学生的认知。

第四步:再用8分钟,在新情绪状态(我喜欢学习等)下造尽可能多的"此时此刻"的句子,或是与引发情绪的事件有关的句子。如:我一想到学习,就⋯⋯

通过这个练习,学生能够改变对厌学行为的理解及厌学事件对个人意义的认识,从而改变厌学生对学习的理解和认识,改变厌学情绪。

(二)思维环策略

芭芭拉·L.麦库姆斯等人通过多年研究提出了"思维环"的思想,认为情绪源于思维,是一种源于思维的"内部工作"。例如,如果一个学生认为"学校让人烦,待在学校里纯属浪费时间",那么这个学生的情感体验就是冷漠厌倦、焦虑不安,直至厌学逃学。这就是一个消极的思维环。相反,假如学生这样想,"学校生活太有意思了,我能有很多的收获并能交到很多好朋友",那么此学生内心就充满兴奋和好奇,当然就积极到学校上课。这是一个积极的思维环。因此说,消极的情绪源于消极的思维,而积极的情绪源于积极的思维。据此,我们就可以通过控制我们的思维来控制我们的情绪。

通过思维环的解释和改变,教师可以帮助学生理解自己心理功能和作用,进而能够控制消极情绪。例如下面是一个学生的思维环,我们可以通过更正学生的想法,来改变学生的消极情绪(图4-1),等变成积极情绪后,结果就不同了(图4-2)。

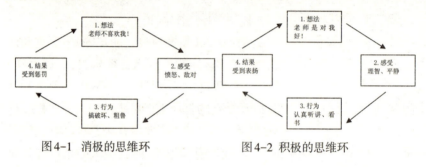

图4-1 消极的思维环　　　　　图4-2 积极的思维环

(三)行为调节策略

行为调节策略有两个方面好处:一方面,某些行为对于改善情绪有直接效果;另一方面,一些行为以认知为中介间接影响情绪。

1. 导致厌学的压力释放

青少年学生的整个学习阶段都贯穿着各种压力:学习压力、考试压力、升学压力等。这些压力既可以成为动力,也可以成为阻力,关键在于压力的大小、学生自身承受压力的能力高低。压力过大常会导致生理疾病:如失眠,大多数压力大的考生,在考前一段时间内都有失眠的经历,晚上睡眠不足,直接影响了第二天的状态,导致学习效率低下。还有女生月经紊乱。调查显示:高考学生中有25%的女生因压力过大而导致月经紊乱,甚至暂时性闭经,使她们更加忧心忡忡,不能全心全意面对学习和考试。压力过多过大又容易导致心理和行为障碍,如过多的压力会让人不堪重负,不但头脑清晰性下降,思维力和创造力也逐渐减弱。压力带来的感觉开始只是紧张、生气和担心,随着压力的持续增加,就会逐渐导致焦虑、愤怒和挫败。因考试压力大,学生的心情变得极差,动不动就发火,做功课时粗心急躁,不能很好地完成学习任务。压力过大或者太放松自己会导致疾病增多,而适中的压力则有利于减少疾病,保持健康的身心状态(见图4-3)。

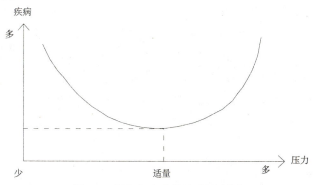

图4-3　压力与疾病的关系示意图

这些生理、心理上的问题,很可能导致学生学习落后,或无心学习,进而导致厌学心理和行为的产生。因此,如何面对上学阶段的各种压力,是当前中小学生面对的一个重要人生课题。面对学习中的众多压力,怎样做才能让学习生活变得更轻松些呢?

美国心理学之父威廉·詹姆斯提到:如果你不开心,那么,能变得开心的一个很好的办法是开心地坐直身体,并装作很开心的样子说话及行动。如果你紧张不安,就装作很放松的样子,吹吹口哨,活动一下身体,闭目养神等。

减压的较好的方式是进行静坐,班森博士提出了一些静坐的技巧:

(1)每天早晚两次,最好在饭前。

(2)找一个安静不被打扰的地方。

(3)集中于一个词或一句话。班森博士推荐的词是“一体”。实际上,只要选一个让你感到轻松平静的词,就会有效果。

(4)安适坐直。

(5)轻闭双眼,放松肌肉,平静下来。

(6)正常呼吸:在吐气时,默默地重复选定的字句。

(7)不要因外界而分心:一种被动的态度。

（8）持续10至20分钟。

2. 平息紧张和愤怒的技巧

心理学家认为,长期处于高度紧张状态会使大脑连续高速运转,而休息时间减少,睡眠不安,心理上常会产生沉重感、压迫感、失落感、抑郁感和不安感。长期心理紧张会使人的植物性神经系统功能失调,降低免疫能力,从而引发生理和心理疾病。因此,无论学习什么,紧张和焦虑是大敌。放松、静心总能使你心里感觉更好、干活干得更好,还能保持身体健康。当我们紧张之时,我们不要抗拒引起紧张与恐惧的外界事件。当我们抗拒这些事件,如恶意的批评、令人震恐的事件或沮丧之感,表示我们相信那些事能够伤害我们、具有破坏力,尽管它们与我们的情绪根本是两回事。

厌学生由于厌学,成绩不良本来就很灰心失落,情绪不佳,容易发怒等。下面介绍一种平息紧张和愤怒的有效方法。

请把身体当作圆心,用想象力画一个半径为1.5米的空间球,把这个空间当作你的心,然后再想象空间里混乱的空气,渐渐沉淀下来。就像倒进杯子里混浊的泥水,放置一会儿后,泥土渐渐沉淀下来,水就变得清澈了。围绕在你身边的空气中的不安、压力、愤怒等,也逐渐沉淀下来。

3. 有效的放松训练法

放松包括放松思想和放松身体。现代医学理论认为,放松可以消除精神的紧张和身体的疲劳,增进新陈代谢的机能,调节呼吸、血液循环、消化系统,减缓衰老进程,达到健康长寿的目的。很多学生经过一天的紧张学习,一般都有身体疲劳感,总感觉恢复不过来,尤其是厌学生。放松练习可以减轻疲劳,恢复精力和体力,有助于减轻厌学心理。放松的方式非常多,人们可以选择适合自己的方式进行练习。

（1）视觉放松,即用画面创造松弛的心境。

这种放松方法的具体步骤是:闭上双眼,在脑海里想象一个使你真正感觉放松、恬静、愉快的姿势,描绘出一幅令人感到舒适安全的图画:漫步在海滩上,听着海浪温柔的拍岸声,让沁凉、清爽的微风任意从脸上、头发上吹过;或是漫步在公园浓密的树荫里,鸟儿在枝头啾啾叫,想象你感觉松弛的经历。平稳的深呼吸,让自己沉浸在对往事的美好回忆之中。回想那情形、声音、气味、感觉和心境,让自己重新体会那些幸福的瞬间,就能使紧张慢慢得以缓解。

(2)意动悬垂法。

先找来一个小锤(或小铁块、铁球、铜钥匙之类的重物),用一根33厘米左右结实的细绳(或尼龙绳)的一端将它系牢,然后用自己的优势(即拿筷子的)手的拇指和食指提住细绳的另一端,让小锤成自然悬挂状态。待小锤停稳不动时,就让自己用意念(手不要动)想象着小锤开始作画圈运动。开始时按顺时针方向画小圈,而后越画越大。等到小锤在意念导引下果真运动起来,出现顺时针方向的画圈运动时,就再改变想象,让小锤进行逆时针方向的画圈运动,直到成功为止。这种心理疗法的关键是,要集中注意力,排除一切杂念,用意念导引小锤运动。初学者可能头一两次学不会,但只要多练几次注意力就会真正集中了。实践证明,此法对于考试怯场者来说尤为有效。

(3)自我意识调节放松法。

这种自我放松的形式是重复说一些自己编排的指令(例如"我手臂开始放松"),这样,你便会感到该指令所描述的效果在身上出现。下面是放松训练的基本程序。

准备工作:找间室内整洁、光线柔和、周围没有噪音、没有其他人打扰的房间,身处其中令人舒适、愉快,不受任何干扰。房间里必须有一张床、沙发或比较舒适的靠背椅。开始时,先坐在椅子或沙发上,或者躺在床上,姿势尽量使自己舒适。然后,闭上眼睛。

放松的方法:针对身体上的各个肌肉群,先集中注意力,使肌肉绷紧,仔细感受并体验肌肉的紧张感。然后再体验放松时松软、无力、温暖的感觉。用同样的方式逐一收紧并放松全身的肌肉。放松的顺序:手臂部,躯干部,腿部,头部,全身,根据需要,可以进行新的排列。

下面为读者提供一套放松训练的指导语。开始时可以遵循指导语练习放松,熟练之后,可以自行引导自己放松。

准备动作:深深地吸进一口气,保持一会(大约5~10秒),把气呼出来,慢慢地呼出来,继续呼出来(5~10秒)。再深深地吸进一口气,保持一会(5~10秒)。把气呼出来,慢慢呼出来(5~10秒)。停一会。

①手和臂部的放松。伸出右手,握紧拳头,用力握紧,再握紧(5~10秒),用力收前臂,收紧,再收紧(5~10秒)。让紧张向上延伸到整个手臂(5~10秒),注意感受右手的紧张,有胀、酸麻等感觉,坚持一下……再坚持一下……(5~10秒)。现在放松右手手臂(5~10秒),仔细体会放松后松软、无力、温暖的感觉,比较紧张与放松之间的不同(5~10秒)。伸出左手,重复上述步骤。左右双臂伸直,双手握拳,用力握紧,再握紧(5~10秒),让紧张向上延伸到整个双臂(5~10秒)。注意感受这种紧张,坚持一下……再坚持一下……现在放松双手及双臂(5~10秒),仔细体会放松的感觉。再次握紧双拳,并向上弯曲双臂,收紧两臂的肌肉,再收紧(5~10秒),然后再放松,仔细体会放松的感觉。再做一遍。

②躯干部的放松。向后用力扩展双肩,再用力(5~10秒)。注意感受肩部的紧张,坚持一下……再坚持一下……(5~10秒)。现在放松双肩(5~10秒),仔细体会放松的感觉。再向上提起双肩,使之尽量接近耳朵(5~10秒),注意感受肩部的紧张,坚持一下……再坚持一下……(5~10秒)。现在放松双肩,仔细体会放松的感觉(5~10秒)。再向前尽量合紧双肩,再合紧(5~10秒),注意感受肩部的紧张,坚持一下……再坚持一下……(5~10秒)。现在放松双肩(5~10秒),仔细体会放松的感觉(5~10秒)。挺起胸部,深吸一口气(5~10秒),让胸部鼓起,再鼓起(5~10秒),屏着呼吸,注意感受胸部的紧张,坚持一下……再坚持一下……(5~10秒)。现在慢慢呼气放松胸部(5~10秒),仔细体会放松的感觉(5~10秒)。向内收紧腹部,再收紧(5~10秒),坚持一下……再坚持一下……(5~10秒)。现在放松腹部的紧张(5~10秒),仔细体会放松的感觉(5~10秒)。把腰用力挺起,再挺起(5~10秒),注意感受腰部的紧张,坚持一下……再坚持一下……(5~10秒)。现在放松腰部(5~10秒),仔细体会放松的感觉(5~10秒)。

③腿部的放松。双脚的脚趾并拢,向脚心方向收紧,再收紧(5~10秒),注意感受腿部的紧张(5~10秒),坚持一下……再坚持一下……(5~10秒)。现在放松脚部(5~10秒),仔细体会放松的感觉(5~10秒)。双腿伸直,双脚的脚尖向脸部方向翘起,用力翘,再翘(5~10秒),注意感受小腿的紧张,坚持一下……再坚持一下……(5~10秒)。现在放松小腿和脚

(5~10秒),仔细体会放松的感觉(5~10秒)。双脚的脚跟向下蹬,收紧大腿和臀部的肌肉,使臀部向上提起(5~10秒),收紧,再收紧(5~10秒),注意感受大腿和臀部的紧张,坚持一下……再坚持一下……(5~10秒)。现在放松大腿和臀部(5~10秒),仔细体会放松的感觉。

④ 头部的放松。向上皱起额头的肌肉,皱紧,再皱紧(5~10秒),注意感受额头的紧张,坚持一下……再坚持一下……现在放松额头(5~10秒),体会放松的感觉,觉得前额很平,很平。皱起眉头,注意感受眉头的紧张,坚持一下……再坚持一下(5~10秒)。现在放松眉头,仔细体会放松的感觉(5~10秒)。把眼睛闭起来,闭紧,再闭紧(5~10秒),注意感受眼部的紧张,坚持一下……再坚持一下……(5~10秒)。现在放松眼睛,使它舒服地闭着,仔细体会放松的感觉(5~10秒)。把舌头紧紧顶住口腔的上部,用力向上顶,再用力,注意感受舌头的紧张,坚持一下……再坚持一下……(5~10秒)。现在放松舌头,让它回到舒适的位置,仔细体会放松的感觉(5~10秒)。咬紧牙齿,用力咬紧,再咬紧(5~10秒),注意感受牙床的紧张,坚持一下……再坚持一下……(5~10秒)。现在放松牙齿,仔细体会放松的感觉(5~10秒)。闭紧嘴唇,使嘴角向两边尽量延伸,上下唇用力压紧,再压紧(5~10秒),注意感受唇部的紧张,坚持一下……再坚持一下……(5~10秒)。现在放松唇部,使它自然地张开(5~10秒),仔细体会放松的感觉。坐在凳子上或站立着把头尽量后仰,再后仰(5~10秒),注意感受颈部前侧的紧张,坚持一下……再坚持一下(5~10秒)。再把头尽量弯向左肩,再弯(5~10秒),注意感受颈部右侧的紧张,坚持一下……再坚持一下……(5~10秒)。然后再把头尽量弯向右肩,再弯(5~10秒),注意感受颈部左侧的紧张,坚持一下……再坚持一下……(5~10秒)。现在尽量低头,再低(5~10秒),注意感受颈部后部的紧张,坚持一下……再坚持一下……(5~10秒)。现在让头回到原来的位置,放松,仔细体会放松的感觉(5~10秒)。

⑤ 全身放松。深深地吸气,再吸气。长长地呼气,再呼气(5~10秒)。仔细感受全身每一组肌肉的放松状态,体会自己的感觉一定非常安详、平静、温暖、愉快,慢慢从1数到50。

每次放松训练结束,睁开眼睛,感到愉快、平静,精神焕发。做放松训练时,应注意肌肉由紧张到放松,要保持适当的节奏,与呼吸相协调。每一组肌肉放松练习之间应有一个短暂的停顿。每次练习应从头至脚完整地完成。刚刚开始练习者可能并不容易使肌肉达到深度放松,需要持之以恒,才会见到成效。一般可以每天练习一两次,每次大约15分钟。实验证明,上述这些"放松技巧"可以很快地使心跳和呼吸节奏减慢,氧耗降低,血液中乳酸盐成分减少(乳酸是一种能加剧情绪紧张的物质),从而有效地消除紧张。

四、克服浮躁

(一)什么是浮躁

商务印书馆出版的《现代汉语词典》对浮躁的解释为:轻浮急躁。从心理学上讲,浮躁是一种性情或人格特质,表现为一种缺乏理智的冲动、盲目。从社会学上说,浮躁是一种心态,表现为不稳定的情绪,不平衡的偏激心理,不冷静的头脑。因此说,浮躁是一种不理智的情绪、不健康的心态,一种不好的精神状态。被这种浮躁状态主导,眼前的利益被放大,短期的所谓成功被追赶。因此,表现在人们的行为上就是心不在焉、浅尝辄止,做一件事情,经常焦虑不安、患得患失,没有耐心认真做完一件事,又急于做另外的新事情,但对新的事情依然如此,往往是这山望着那山高、东一榔头、西一棒槌,贪得无厌却静不下心来,因而到最后不但一事无成,而且常常感到身心疲惫。浮躁的人做任何事情都做不好,因此,浮躁是成功的大敌。很多大事故就是因为一些小小的失误导致的,而小小的失误之所以不断出现,就是因为人们的浮躁心态。

(二)浮躁与厌学的关系

当今的浮躁之风,不仅存在于个人、家庭,也存在于学术、官场、商场等。叶妮在《我国青少年厌学现象研究综述》中指出,生活在这个时代的社会群体,无视大众文化的"批量化、模式化、伪个性、反艺术、庸俗性、无深度、消极性"等不良特征,沉溺于感官刺激,丧失个性与鉴赏力,放弃批判立场。在这种全社会整体催眠下的中小学生,不仅在社会生活中身体力行地强化了此种叛逆行为,而且将这种"浮躁"内隐于心灵,外显于学习生活,呈现出严重的厌学症状。林格、程鸿勋在《自主学习:厌学是中国教育史上的癌症》一书中认为,学习不理想的最根本的原因是浮躁。他们认为,浮躁会给学生的学习带来一些危害。

1. 上课一听就懂,其实没有真懂

上完课后,很多同学自认为听懂了,乐观地认为自己能够解决问题。但是太多的同学忽视了这个问题,他们从未意识到自己是不是真的懂了,老师一问"听懂了么?"他们就会随口答出"懂了"。学习是从意识到自己不懂,或承认自己不懂开始的,直到学习者自己认为自己懂了为止。一旦自己认为自己懂了,不管是不是真的懂了,学习的过程就停止了。这就是半途而废、浅尝辄止。在没有充分学会的时候,学习停止了,这时候,遗忘的因素会很快占到上风。这样,当时认为学会的知识,再加上遗忘的作用,考试的时候考不出来就是很自然的事情了。

2. 看书一看就会,其实没有真会

很多学生在看教科书的时候,往往如读文学作品一样,快速泛读,只求知道个大概意思,轻描淡写翻几页就算是看过了,没有深入研读。这就是浮躁的学生读书的状态——不求甚解。而踏实刻苦的学生知道怎样才是真正用功,他们带着问题看书,一边读书一边思考,对知识的理解精益求精,因此学习效果很好。

3. 题目拿来,没看清条件就做

浮躁的学生很多时候看到题目后,不是仔细审题,而是急于动手,所以经常出现题目没看清、条件没有看全就开始做题。等到题目做错了,还不知道哪里错了,当别人告诉他哪个条件没看清楚,才恍然大悟一般。而且会认为,这没什么大不了的,是自己马虎了,下次就不会犯这样的错误了。结果下次还是老毛病照犯,不知下一次该从什么时候算起。做题目的时候,先写出明确的已知、求证或求解,然后再做题目是一种比较好的解题习惯。或者,看到题目以后,首先要在一个平静的心态下,思考下面问题:①这个题目考什么知识点? ②给出的直接条件是不是能够解出题目? ③有什么隐含条件? ④还需要什么条件才能解出问题? 把这些问题考虑好了再开始解题。

4. 做完题就上交，没检查好就上交

很多有浮躁毛病的同学，总是急匆匆高速率地把作业做完就交上去了，嘱咐他检查，他就根本检查不下去，应该一眼就能看出来的错误，盯着看半天就是发现不了错误的地方。不检查就上交是浮躁最典型的表现之一。学生做完题目后，耐心已经达到极点，最想做的事情就是赶紧交上去万事大吉。这种浮躁心态是学习的大敌，如果不彻底解决，学习永远不会好。

5. 发现题目做错了，以为粗心不改正

在学习中，人人都会犯错，但重要的是要学会从错误中学习。错误答案与正确答案一样重要，问题不在于题目做对或做错，关键在于必须清楚为什么做对了，为什么做错了？因此，要对做错的题目进行认真分析，找出出错的原因，避免以后再次犯同样的错误，这是纠正错误的核心，而不是简单地把错误改正过来，写上正确答案就了事。题目出错的原因可能有如此几种：一是马虎，包括审题、计算和书写；二是知识未融会贯通，包括知识不能再现，没有真正理解；三是解题过程中思维难度和思维偏度问题，如思维定势等。

（三）如何引导学生戒除浮躁

戒除浮躁最有效的办法就是培养认真的能力。只要能够培养起认真的能力，就可以一次性学会，在考试的时候把学会的题目做出来并且得满分。家长可以从以下几个方面培养孩子认真的能力。

1. 多给一些时间，让孩子把事情做好

很多家长总催促孩子要提高速度，特别是在孩子动作还不熟练的时候，催促会让他们潦草做错事，很难形成认真的习惯。老师在教学过程中，一定要注意针对家长的这些错误做法，尤其是对低年级的学生，布置作业时，量要适当，同时对学生的作业质量提出一定要求，把作业做好，防止学生潦草马虎导致错误发生。并在日常教学工作中，鼓励学生认真做事的态度和精神，给予适当的物质或精神奖励，培养孩子认真做事能力。

2. 做好学生的榜样，教师要认真做事

教师是学生的榜样，尤其是年龄小的学生，教师的言行甚至会影响学

生的一生。例如,与孩子一起种点花草植物,不要一时兴起就种,之后便不管不问,每天和孩子一起看看植物的长势,和孩子讨论一下自己的种植方法是否合适……用自己的行动教会孩子做事情要认真负责。教师怎样板书,写字是否美观,批改作业的质量如何,平时做事是否认真等,都会对学生产生影响。教师的一言一行都在潜移默化中影响着学生的做事态度,当然也影响着学生对待学习的态度。

3. 让孩子学会对自己的事情负责

很多孩子做事不认真,就是想着以后家长还能帮着收拾。如果家长不让孩子养成依赖的心理,让他对自己的事情和行为负责,他会更认真一些。如果孩子有不认真的习惯时,教师要及时发现并给予纠正,让孩子明白:自人开始自由选择生活道路后,人们就是被自己创造和改变的,我们是自己思想观念控制加工的产品。我们从下面的故事中可以深刻理解到自己的将来是由自己创造和改变的。所以,每一个人都要为自己的人生负责。

阅读材料(心像图)

木匠的礼物

有个老木匠准备退休,他告诉老板,他准备离开老板回家享受天伦之乐。老板很舍不得他走,于是问他是否能帮忙再建一座房子,老木匠有些无奈地说"可以!"但是后来,大家都看得出来,老木匠心不在焉,他用的是软料,出的是粗活。当房子建好的那一天,老板把大门的钥匙交给了他,并告诉他:"这是我送你的礼物!"老木匠震惊了,他羞愧得无地自容。如果他早知道是在给自己建房子,他怎么会这样呢?现在他得住在一幢粗制滥造的房子里了!

(材料来源:张永华,谌业锋.中小学心理健康教育与心理素质训练[M].天津:天津教育出版社,2010.)

现实中每个人都在为自己"建造"房子,许多人不是积极行动、精益求精,而是消极等待、漫不经心,最后留给自己的只能是后悔一生。

4. 培养批判性思维,克服浮躁

浮躁是一种恶习。当浮躁占据你的思想,它就像被你赶走的苍蝇,刚挥手被赶到一边去了,过一会儿,它又非常讨厌的嗡嗡地飞回来。于是,你生气了,静不下来了,一下又一下地驱赶它,可是总也不能一下子把它打死,它跟你玩起了捉迷藏。成君忆认为:现代社会的浮躁,读书只是为找工作增加砝码,找不到乐趣。我们用智力、美貌、时间去交换,然后自己变得焦虑和不快乐。

要彻底改变浮躁的坏习惯,培养批判性思维是一剂良药。有思考、有辨别力的人才不会被他人带入到浮躁的情绪中。因此,要戒除浮躁,还需鼓励孩子培养批判性思考能力。批判性思维是那种能抓住要领,善于质疑辨析,基于严格推断,富于机智灵气、清晰敏捷的思维。培养批判性思维能力和精神气质,对于应付复杂多变的世界,提升现代社会生活的质量都是必要的。

第二节　厌学情绪的音乐疗法

一、音乐疗法简介

自20世纪40年代起,人们已逐渐将音乐作为一种医疗手段,在某些疾病的康复中能起一定的作用,如降低血压、减轻疼痛及消除紧张等。从20世纪80年代开始,在精神病学方面也进行了音乐对精神病康复的探索和临床研究。开始阶段,大多采用单纯聆听的形式,称为"被动聆听"或"被动感受";后来发展到既聆听又主动参与,如包括简单乐器操作训练,有选择地按音乐知识学习、乐曲赏析、演唱歌曲、音乐游戏、音乐舞蹈等形成综合性音乐活动。由于形式各异及工作深度不同,因而对音乐疗法的效果认识也有所差异,但大多数研究者认为这种综合性安排的效果好于单听音乐。

音乐疗法的对象多数是具有淡漠、退缩及思维贫乏等阴性症状者,据称有较好效果。也有少数研究者把音乐疗法试行于抑郁症、神经症与心身疾病患者。音乐疗法的疗程一般定为一两个月,也有以三个月为一疗程,每周五六次,每次一两个小时。在具体实施时,如何选择音乐或歌曲是一个亟待进一步解决的问题,原则上应适合患者的心理(尤其情绪方面),更要适合患者的病情。然而编制设计、制定一系列适用的音乐处方,需要进一步加强研究。

科学研究表明,当人处在优美悦耳的音乐环境之中,可以改善神经系统、心血管系统、内分泌系统和消化系统的功能,促使人体分泌一种有利于身体健康的活性物质,调节体内血管的流量和神经传导。另一方面,音乐声波的频率和声压会引起心理上的反应。良性的音乐能提高大脑皮层的兴奋性,可以改善人们的情绪,激发人们的潜能,振奋人们的精神。同时有助于消除心理、社会因素所造成的紧张、焦虑、忧郁、恐怖等不良心理状态,提高应激能力。

当然,并不是所有的音乐对人的身心健康都是有益的。在国外,心理学家曾对三个不同的交响乐队的208名队员进行分析。结果发现,以演奏古典乐曲为主的乐队成员,心情大都平稳愉快;演奏现代乐曲的成员,70%以上的人都患有神经过敏症,60%以上的人心里急躁,22%以上的人情绪消沉,还有一些人经常失眠、头痛、耳鸣和腹泻。经常欣赏古典音乐的家庭里,人与人的关系大多相处和睦。经常欣赏浪漫派音乐的人,性格开朗,思想活跃。但是在热衷于嘈杂的现代音乐的家庭里,成员之间经常争吵不休。长期听这种音乐,会使神经系统受到强烈的刺激,甚至破坏心血管系统的正常功能。

二、迪普音音乐疗法

1958年,法国著名音乐学家阿尔弗雷德·托马提斯研究了一种特定频率的行波(高频音),并证实了该种行波对人耳蜗具有共振和理疗作用,且对人的心理有着神奇的安抚和治疗作用。这是世界上首次对迪普音进行的系统研究。他认为:声波传到人耳,引起了整个基底膜的振动,振动从耳蜗底端向顶端移动。基底膜上各部位的振幅并不相同:频率越高,最大振幅部位越接近蜗底;频率越低,最大振幅越接近蜗顶。最大振幅所在的位置决定了音高。由于人的双耳不可能完全相同,因此双耳听到的声音就有差异。要减少这种差异,只有采用这种特殊频率的行波,对双耳进行理疗和锻炼,耳朵才能够主动地"弥补"差异。

迪普音是一种对频率、相位都进行过特殊处理的声音,它的频率与人耳固有频率相同,能够在耳蜗、耳前庭狭窄的空域内引起共振,并通过共振对中耳、内耳进行按摩理疗,对耳神经能起到调剂的作用,减轻耳前庭功能紊乱状态,反馈到人的大脑、中枢神经和脑垂体,帮助内啡肽生成,降低、平抚焦虑不安的情绪。1984年,香港仁济医院心理科通过172例研究证实,阿尔弗雷德·托马提斯发现的这种特定频率的行波对抑郁症、厌学症、多动症、自闭症有很好的物理治疗效果。迪普音能治疗厌学症,缓解考试压力。美国的高斯斯塔研究室的博纳德·瑞姆兰德医生和茹斯·沙利文医生对阿尔弗雷德·托马提斯研究的"行波"的频率、相位都进行过特殊处理,开发出一系列的具有理疗功效的音乐。实验证明,这一系列音乐能够循序渐进地在人耳内产生所需的共振,通过理疗和锻炼,能消除双耳听觉差异,对抑郁症、焦虑症、厌学症、多动症、自闭症等进行对症治疗。

小　结

(1)厌学是一种不恰当的消极情绪。因为情绪控制能力不是天生的,是需要学习和训练的,所以教师要引导厌学生学会控制自己的情绪。改变思维就能改变情绪,改变行为也能改变情绪。教师也可教会学生通过认知重评策略、思维环策略、行为调节策略等放松训练来调控厌学情绪。

(2)浮躁就是轻浮急躁。从心理学上讲,浮躁是一种性情或人格特质,表现为一种缺乏理智的冲动、盲目。从社会学上说,浮躁是一种心态,表现为不稳定的情绪、不平衡的偏激心理、不冷静的头脑。因此说,浮躁是一种不理智的情绪、不健康的心态,一种不好的精神状态。浮躁是导致厌学的重要原因之一。浮躁对学习的危害有:上课一听就懂,其实没有真懂;看书一看就会,其实没有真会;题目拿来,没看清条件就做;做完题就上交或没检查好就上交;发现题目做错了,以为粗心不改正。因此,教师必须引导学生克服浮躁。

(3)从20世纪80年代开始,在精神病学方面利用音乐对精神病康复的探索和临床研究。如法国著名音乐学家阿尔弗雷德·托马提斯就研究了一种特定频率的行波,后被称为"迪普音",并证实了该种行波对人耳蜗具有共振和理疗作用,对人的心理也有着神奇的安抚和治疗作用。香港仁济医院心理科也研究证实,迪普音对抑郁症、厌学症、多动症、自闭症等有很好的物理治疗效果。

思考题

1. 为什么说厌学是一种不恰当的消极情绪?

2. 调节厌学情绪的主要策略和方法有哪些?

3. 浮躁与厌学有何关系?怎样克服浮躁?

4. 迪普音对厌学有怎样的治疗效果?

参考文献

[1] 埃德尔曼.思维改变生活[M].黄志强,殷明,译.上海:华东师范大学出版社,2008.

[2] 爱德华·德博诺.这才是思维——德博诺思维精华本[M].庄榕霞,徐宁仪,等,译.沈阳:万卷出版公司,2011.

[3] 程利,袁加锦,等.情绪调节策略:认知重评优于表达抑制[J].心理科学进展,2009(4).

[4] 林格,程鸿勋.自主学习:厌学是中国教育史上的癌症[M].广州:新世纪出版社,2010.

[5] 乔林.冷读术:瞬间赢得他人信任的沟通技巧[M].北京:电子工业出版社,2011.

[6] 守部昭夫.催眠法入门[M].许金生,译.上海:复旦大学出版社,1980.

[7] 王兴权,吴桂英.从浮躁走向不浮躁的人生指南:不浮躁[M].北京:龙门书局,2011.

[8] 吴丹丹.音乐的放松功效[J].考试,2009(9).

[9] 许慎.说文解字[M].北京:中华书局,1992.

[10] 叶妮.我国青少年厌学现象研究综述[J].考试周刊,2011(56).

[11] 张永华,湛业锋.中小学心理健康教育与心理素质训练[M].天津:

天津教育出版社,2010.

[12] 赵思童."友善用脑"学习功能音乐介绍[J].北京教育,2006(2).

进一步阅读文献

[1] 网络资源

专辑:曾仕强 情绪管理

网址:http://v.youku.com/v_show/id_XMTgwNzU4NDY0.html?f=4574484

简介:该专辑是视频资料,共24集关于情绪管理的知识,很值得教师、家长参考和学习。

[2] 网络资源

一听音乐:音乐疗法主页

网址:http://www.1ting.com/singer/07/singer_6002.html

简介:该网站的音乐丰富多彩,包括养心音乐专辑、放松身心音乐、深度睡眠音乐、都市健康减压音乐等。各种音乐专辑时间不是很长,基本上三四十分钟左右,差不多中小学生一节课的时长。它是以人体生理循环与代谢科学为依据,时间长短安排恰到好处。如果时间拖得很长,不但起不到养心放松的作用,反而会产生听觉与耐性的疲劳。

第五章　厌学孩子的学习行为引导

厌学孩子对学习没有兴趣,行为上表现为逃避学习。处于厌学状态的孩子必然会产生知觉防御,即表现为个体对恐惧或感到威胁的学习刺激倾向于回避、阻滞或反应缓慢,而这种阻滞发生在反应阶段而非知觉阶段。也就是说,虽然厌学的孩子表现出逃避学习的行为,但他们的内心深处,对学习的认识还是有很多渴望的。因此,对厌学孩子进行学习行为引导是可行的,就需要教师想办法把厌学孩子拉回到学习上来。我们认为比较行得通的办法,就是先从简单的、低水平的要求做起,循序渐进地建立学习成就感,自然能使厌学孩子重拾学习的兴趣和自信,重新激发起学习动力,逐步回归学习正轨。学习是个复杂的活动,在不同学习阶段应给予不同的引导。下面从预习、听课、练习、复习四个阶段分别加以阐述。

第一节　厌学孩子预习的引导

一、预习概述

(一)预习的定义

《现代汉语词典》把预习解释为:学生预先自学将要听讲的功课。因此,预习就是课前的自学,是学生在上课前先独立地自学并做好上新课的准备,促使自己自觉探索,更加主动地学习。预习时要求对要学的内容做到心中有数,初步把握重点、难点。根据预习内容的范围,可以将预习划分为学期预习(新材料预习、大预习)、阶段预习(章预习、中预习)、课前预习(节预习、小预习)三类。

预习是为了更好地听课,以便更好地掌握知识。而在整个学习的过程中,学生课前如果没有准备,听课就显得被动,况且课堂上还要听讲,又要记笔记,就显得既听得紧张,又记得忙乱,对什么是重点,哪些是难点,根本就抓不住,那么在复习的时候就会费时费力。如果学生课前有准备,那么听起课来就主动了,课堂记录就有了重点,对老师的启发性问题的反应就快,预习能起到事半功倍的效果。

有的学生认为,自己预习后,再上课就没什么可学了,甚至影响上课学习的积极性、容易玩闹等。其实,这样的孩子对学习认识太肤浅、太幼稚了,他们不了解知识的广度和深度,不了解把握知识需要艰苦的脑力劳动,不了解知识掌握需要在重复中积累,不了解自己的思想应该不断地提高,更不了解上课有着丰富的人文内涵等。实践证明,只有那些不知天高地厚的孩子,才会看了点东西就骄傲不学、狂妄自大。真正达到自学程度的孩子,上课会更热心、更专心、更虚心,毕竟追求知识和真理是无止境的。

(二)预习的作用

俗话说"凡事预则立,不预则废",也就是说,不管做什么事情,先有个了解和准备,就会取得好的效果,容易取得成功。预习是听课的起始环节,能把握好这一环节,也就抓住了听课的主动权。关于预习的作用往往被很多学生忽略,尤其厌学孩子对预习更不重视,在此,有必要强调一下,希望老师能引起重视。具体讲,预习主要有五点作用。

第一,预习可以培养自学能力和独立思维能力。

因为预习是自己独立地接受新知识,需要自己独立地阅读和思考,这就要有较强的逻辑思维能力。其实,预习就是课前自学,只是没有纯粹自学那样要求把内容完全弄通弄懂,否则就会增加学业负担。但孩子若能长期坚持预习实践,实质上就是长期坚持自学,自学能力必然会得到提高。在阅读教科书时,只有经过独立思考,才能搞清思路,抓住要点,解决难点。预习时有些地方没弄懂,听课时就会受好奇心的驱使格外留心,一旦理解了,思想上豁然开朗,印象就特别深,可以铭记不忘。有时认为自己在预习中已经明白了的内容,听课时会发现自己还没有完全理解,因而引起进一步的思考,甚至发现新的不理解的问题,这对深化学习和提高理解能力是十分有效的。

第二,预习可以使学习积极主动,直接提高听课效率。

通过预习,对重点、难点有一定把握,带着问题、带着需要、带着思想、带着热情去上课,会另有一番境界。上课针对性强,精力集中,思维主动、深刻,自己也更加自尊、自信。预习时,学生还可以发现自己知识的漏洞。通过复习有关旧知识,弥补了漏洞,这样就能扫除障碍,使自己听课精力能很快集中到新知识上面去。这样就可以避免再翻书查找,省去课上很多时间。并且能避免上课时被旧知识"卡住",影响学习效率,不至于出现心烦意乱状况,还能使课堂上的东西变得容易和轻松。"平时从不向前看,上课只跟老师念,下课围着习题转,考完谁都不想见。"这几句顺口溜,把这类孩子描述得活灵活现。他们上课前没有心理准备,进教室只能"跟着"上课,学习起来情绪低沉、思维呆滞,下课后搞题海战术,还挺忙、挺累,可想而知,学习成绩是不会理想的。"考完谁都不想见",这种生活多么难受、多么苦恼。造成这种状况的一个主要原因就是他们忽视预习的效果。

第三,预习能开拓思路。

经过预习,已经心中有数,容易跟上老师讲课的思路,甚至可以跑到老师思路的前面。老师讲到一个新概念,就想一想它是怎样建立起来的,与它相关的概念有哪些。通过预习,对要学的内容有自己的独到见解,上课可以和老师的思路进行比较,老师是怎么提出问题、怎么分析问题、怎么解决问题的?高明在哪儿?巧妙在哪儿?特色在哪儿?孩子坐在教室里上课,思想如能这样既集中又开阔,会极大提高听课效率。

第四,预习可以提高记笔记的水平。

通过预习,学生知道老师讲的哪些内容书上有,哪些没有,就可以有选择地记好笔记。或用笔在书上画重点、做记号,或记下简略的提纲,而把大量的时间用于思考。这样做比把时间大量用在埋头记笔记上要强得多。

第五,预习能增强记忆效果。

预习时,无论对看得懂的还是看不懂的知识,都经过了独立思考,有了初步的印象,再加上老师的讲解、分析和自己进一步的学习,理解就更为深刻了。理解了的知识是容易记住的,特别是经过努力而攻克的知识更容易记牢。另外,预习加强了新旧知识的联系,使新旧知识组成合乎逻辑的知识体系,使自己的认识结构有动态性的发展,这也有助于记忆。

二、厌学孩子预习的引导

(一)厌学孩子预习行为水平的划分

为了引导厌学孩子预习,教师要教给孩子预习的方法或程序。在一定的程序辅助下,让孩子们取得成就,产生学习兴趣。因此,教师要目标明确地培养孩子不同层次水平预习习惯,这个过程就像教师拉着厌学孩子上台阶一样,通过跨上每一个小台阶,使孩子不知不觉中站在了较高的地方。我们参考林格等学者制定的阶梯式孩子预习行为水平表,认为厌学生的预习层次可以划分为五级。

第一级:简要预习。这一级有两个要求:一是通读课本相关章节,知道将要学习的知识内容;二是及时发现和补习一下需要用的知识漏洞及薄弱环节。

第二级:重点预习。这一级也有两个要求:一是初步理解新知识的重点、难点。要理解重点、难点,一个首要前提就是先找到重点、难点,这本身就是自学能力提高的过程。当找到重点、难点后,可用红(蓝)铅笔轻轻地画一些下划线,或在重要字词下面点上点,轻些画的原因是便于学习、复习时更改。二是初步理解要学内容的基本思路。如果能长期坚持这样预习,并与课上老师强调的内容相比较,可以很快提高自己的预习水平。

第三级:问题预习。这一级有两个要求:一是提出问题,并把问题联系起来系统化。这一步可以先把教材中所有的标题直接改为问题,然后再分析这些问题之间有什么内在联系,使问题得到系统化。二是对重点问题通过广泛搜集资料进行初步探索,形成自己独立的见解。在学习过程中,发现问题比解决问题更重要。只有提出问题的人,才会真正地学习。

第四级:解析预习。这一级有三个要求:一是分析能力。孩子的学习过程,就是学会"抠"书的过程,能自己"抠"得进去,是很可贵的。二是培养解决问题的能力。起码应学会运用工具书和参考书,课本上简单习题自己应能解决。三是一定要有自己的理解和思路。可以把自己的看法、体会,用简练的文字在书上做些批注(可用自己惯用符号)。这既是重要的学习方法,又非常有意义。

第五级:探究预习。这一级也有三个要求:一是能形成学习专题。例如学习三角函数公式时,形成"三角函数公式关系表""三角函数运用经验集锦"等,使学习具有研究性。二是对专题有自己的体会和理解,如新见解、新思路、新发展,培养创造精神和能力。三是善于和教师、同学讨论,善于合作学习。

显然,预习的各级水平是既有区别又有联系的。高水平预习要求是在低水平要求基础上提高形成的。

(二)怎样提高厌学孩子的预习质量

1. 预习时间要有保证

要做好预习,必须有一定的时间保证。尤其对于厌学的孩子,必须制定严格的预习计划,在预习计划里要有时间的具体安排,时间安排的多少可根据自己的学习情况来定。在完成练习(作业)后的时间多时,预习就可以安排得多些;时间少时,预习可安排少些。

2. 引导孩子结合实际预习

引导孩子结合实际预习,即预习水平的选择。对于厌学孩子来讲,很多科目由于基础薄弱,学习起来非常吃力,在预习时间上应多安排一些,在预习水平上应重点搞好一、二级。实践证明,有的孩子在困难学科上坚持一段时间的一、二级预习,就能起到"扭转战局"的作用。有些厌学的孩子,成绩并不差,对于他们非常喜好、学得又比较好的科目,在不影响别的学科学习的情况下,在时间允许时,预习的水平应高一些。

3. 根据学科特点进行预习

各个学科都有自己的特点,预习方法也应有所不同,也可以说不同学科有其不同的预习方法。尤其是对于偏科性厌学孩子的指导更要耐心。

语文预习重在基础知识和阅读。语文的基础知识面广、知识点多。

拼音、词汇、句子等小问题虽不复杂，却也不容易，必须平时下工夫，做个"有心人"，才能打好基础。预习时，要把课文中不认识的字、不会解释的词、不好理解的句子先用笔画下来。对于要学的新内容，尽量利用书上注解或工具书（字典、词典等）自己解决，哪怕解决一部分也好，课上老师再讲解时可以得到强化和提高。对于这些知识点，一是要理解，二是在理解的基础上加强有意记忆，并努力去运用。把一些重要的"知识点"记成笔记或添记卡片，日积月累，会大有长进。对于语文阅读，重在阅读理解。也就是首先顺着文章作者的思路观念和情感来理解，在这个基础上提炼出课文的中心思想、立论要点、结构层次和材料组织等内容。经过这样的预习后上课，孩子会学得更加主动，重点、难点更加明确，有利于自己与老师、同学们做更深入的探讨，把语文学好。

数学预习重在基本概念和公式的理解。数学是一门基础学科，是一门基本的工具学科，比较抽象，逻辑性很强。预习数学首先要注重对基本概念的理解，多问问自己，为什么要学这个概念？这个概念什么意思？它的使用范围如何？只有真正地掌握了概念，才能去分析和解决各种问题。学习概念时，要学会从实际事例中概括出概念、抽象出概念。数学的另一个重要内容就是定理和公式。预习时，可以自己看一下定理的建立过程，自己推导一下重要公式。推导中要用的学过的公式，要及时复习一下。上课可以进一步学习老师的思路，把公式的推导过程（步骤）理解得越清楚越好。

外语预习重在阅读和语感。外语是一门靠自己平时学习积累的科目。学生预习外语，有更鲜明的自学外语的特点。总结那些学习外语进步大、成绩好的学生经验时，会发现他们确实有一定的学习程序。一是意思阅读。也就是先把文章通读一遍，尽力将文章的大体意思找出来。对文章的内容（文体）有个初步的了解，这既能激发学习外语的兴趣，又能培养外语阅读能力。二是自学生词。对照单词表或查字典，自己学习课文中的生词，明确并记住其发音、拼写和用法。这是学好外语的最起码的基础。三是了解语法，如了解时态、句型、重要短句和习惯用语等。试着找出重点、难点，有准备、有目的地去上课，可以大幅度提高外语学习水平。四是培养语感。语感是对语言的把握与感觉，语感的好坏在一定程度上反映了外语水平的高低。培养语感的主要方法就是朗读。朗读课文时，要有声有色，精彩段落还要有思想、有情感，甚至有动作地进行朗读。外语学习好的孩子都有一个重要经验，就是他们尽可能多地背诵课文。

通过上述介绍，我们可以看到各学科有其不同的预习内容，重要的是要结合自己学习情况和学科特点灵活地运用。

第二节　厌学孩子听课的引导

课堂教学是学生学习新知识的主要途径，是发展学生智力、培养学生能力的主要渠道。作为教师，要了解、关注和帮助厌学孩子提高课堂效率。因此，教师对厌学生听课阶段进行引导是非常必要的，这有助于改善其学习能力，使其远离厌学。

一、听课概述

听课是整个学习过程中最重要的环节，预习、复习、练习（作业）等环节都围绕着听课这一环节展开。所有学习成功者的共同经验就是听好课，向课堂要效率、要质量。学会听课是搞好学习的关键，也是自身成长、发展的关键。听课对学生的学习与身心发展作用巨大，这是因为：

1. 时间和精力代价巨大

青少年时期正是一个人知识、能力、品德、思想发展的黄金时期，是孩子全面发展、走向成年，为一生打好基础的关键时期。而今，孩子们每周一般要上30多节课，每年要上40多周课，一天中孩子精力最充沛的时间是在课堂上度过的，可以说，一个人整个青少年时代的最佳时间属于课堂。这种时间和精力花费的代价是巨大的，要让孩子学会好好珍惜。

2. 教师在教学中的热情和指导投入巨大

现代教师都是经过层层考核和选拔后任职的，他们有着丰富的知识和教学经验。无论是新教师还是老教师，每堂课前都会认真备课，根据教材和学生情况，制定恰当的教学目标，明确教学重点、难点，精心设计教学方法和安排教学过程。教师付出这些努力，无非是想使课堂教学更加生动，课堂气氛更加活跃，使学生获得更优异的学习效果。为了更有效、更

105

快捷地帮助孩子解决学习上的难点、重点,或使某个教学内容更加形象和富有情趣,越来越多的教师尝试制作现代化多媒体课件。然而在制作课件的过程中,有的教师往往要花几周甚至几个月的业余时间搜集资料、编写程序、检验画面和音响效果。很多内容都是教师熬夜编写出来的,很费心、很劳累,但只要课上看到孩子满意,他们就很高兴了。教师把他们的知识、精力、情感,甚至全部心血都倾注在了课堂教学上。因此,听好课是孩子搞好学习、获得身心发展的最有效的途径。

二、厌学孩子听课的引导

(一)厌学孩子听课行为水平的阶梯目标

一般上课时,孩子们表面都一样,而内心的差别却极大。有的孩子听课高度投入,积极思维,理解深刻;而有的孩子听课注意力不集中,理解肤浅,时间长了,结果就很不一样了。孩子在学校期间,出现知识、能力、品德、思想等方面的差异,很大程度上是孩子长期听课参与水平不同的结果。我们参照林格等学者制定的阶梯式上课行为水平表对厌学孩子听课行为水平进行新的界定,供广大教师参考。

第一级:跟着听课。上课时,简单地听,被动地抄笔记。当然,能跟着听懂一些知识,也算不错了,而这样上课劳动量很小,不能全面地调动孩子积极思考。其实这种方式听课质量很低,往往学生成绩也低,容易导致因学习成绩不良而厌学。因此,我们建议对于大多数厌学孩子,教师不要采用这一水平的目标。当然,对于已经开始逃学的厌学孩子来讲,这样的目标却是可用的。

第二级:识记听课。识记听课主要有以下两个要求:一是要积极思考。孩子学习好坏的问题归根结底是听课时是否能积极思考的问题。所以,一定要让孩子在积极思考中听课。二是在理解的基础上进行有意识记,课后能复述出课堂上的主要内容。对于多数厌学孩子,这一级目标是他们听课要求的起始水平,只有这样才可能通过听课更有收获,循序渐进地建立起学习的成就感,逐步改变厌学的坏习惯。

第三级:联想听课。它也有两个要求:一是要积极思考、展开联想。

厌学的孩子由于基础知识掌握得很差,听课很少能产生联想,甚至不想,学得很"死"。所以,一定要启发厌学孩子听课要多想,联想得越多越好。二是要主动积累经验。带过毕业班的老师都深有体会地说,学生不积累经验,经验不经系统化,就谈不上能力。孩子主动积累经验是他们形成和增长能力的一个重要途径。厌学孩子在积累经验方面做得都较差,这也是对他们要求的一个重要原因。对于厌学孩子的听课行为水平的阶梯目标要求,循序渐进地从低到高,能够达到三、四级水平,已经足够好了,学习成绩达到中上等没有问题。

第四级:多得听课。这一级有三个要求:一是培养概括能力。一个人面对纷乱繁杂的事物,能用几句话概括其本质,是他有能力的重要标志,是有作为的人的必备素质。二是让孩子充分发挥个性特长听课。善于逻辑思维就多推理,善于形象思维就多想象。发挥特长听课既身心愉快,又容易取得成绩,是取得成功的重要方面,何乐而不为? 对于很多厌学孩子这是一条捷径。三是努力扩大课堂收获。帮助厌学孩子用心去扩大听课收获,比如老师的哪个字写得好,哪句话讲得漂亮,哪个动作优美高雅等,都应该留心观察学习,增加孩子对美的感悟。一个人的成长中,很重要的经验就是多留心、多积累,机会是给有积累的人留着的。

第五级:专论听课。这是水平非常高的一级要求,对于厌学的孩子来讲,是很难做到的。它也有三个要求:一是孩子要对知识有"超前兴趣",有自学的能力和方法,有独到的见解,并能用较精确的语言表达出来。实践证明,达到自学程度的孩子,上课更专心,也更虚心。二是能形成知识专题或结合社会实践的专题,进行主动探索式的学习,从而促使孩子走向高水平的研究性学习。三是讨论时要善于交流,能很好地进行现代化"合作式学习"。

这样,对厌学孩子的上课要求具体了,状态水平明确了,对其自身的学习和老师的教学都有好处。

(二)怎样提高厌学孩子的听课质量

1. 听课的质量要求:真正听懂

很多父母认为,孩子去上学了就自然会听课。其实不然,从孩子听课阶梯水平可以看出,听课的水平差别很大。孩子会不会听课是非常关键的,而学会听课的重要方面就是不断提高听课水平。提高听课质量最终要落实到学生"真正听懂"教师所讲的知识。

一个学生在开始学习一门新课时,总是要经过一个艰难的时期,为什么呢? 因为他不仅要学习许多新规则和新方法,还要学习一种新的语言。只有懂得了这一点,只有清楚地认识到"学会了歌词才会唱歌"的道理,学生才能深入到这一领域中去或做出某方面的努力。而当一名学生放弃学习或者觉得困难、费解甚至不能学会某一门课程时,唯一的原因就是他忽略了不懂的词。只有当一个人不知道如何理解一个词时,才会出现混乱和学习上的失败。基于此种观点,学生学习时一定要重视词汇的理解,学习困难或厌学的产生与词汇的误解有关。引导厌学生,帮助其改善学习可以从检查词汇理解着手,找到还没有遇到困难和遇到困难的连接地带,被误解的词就在两者之间。所以,教师要引导学生去寻找自己学习中没弄懂的词。那么怎样才能找到这些词呢? 我们可以提供几个有用的线索:

第一,在人们感到最困难的地方,就是事实被歪曲最严重的地方,或思想最混乱、最矛盾的地方,即误解词汇最多的地方去寻找。

第二,被误解的词会妨碍学生在听或者写的过程中继续理解其余部分。任何一个课题中被误解的词都可能有碍于完成与此课题相关的行为。

第三,被误解的词还可以起到一种中断感知的作用,就是突然心不在焉了、走神了。

第四,被误解的词还可以造成混乱和难以置信的复杂化,使学习难以继续下去。

当孩子通过努力弄懂了所有基本概念,就能听懂老师的讲课,而且不费力气,这是听课的关键所在。

2. 提高厌学孩子听课质量的方法

著名的教育家夸美纽斯曾说过,一切知识都从感官的知觉开始。即强调利用"感官"去施教。所以,学校应重视添加各种学具、教具及其他实验器材,调动学生多种感官进行学习,以避免学生对所学内容感到抽象、枯燥无味,从而降低学生听课的兴趣。无论学校和教师做些什么,说到底就是要厌学生在教师的悉心引导和同学的互动帮助下,充分利用课堂上良好的学习环境、现代化教学设备,投入主要的时间和精力,以求提高听课质量。既然课堂学习占据了一个人青少年时段的主要部分,那么,就应该激发青少年自身的主观能动性,提高学习质量,促进其全面发展。

一个孩子的听课质量如何,就看他在课堂上能否做到六个"是不是":

(1)是不是提出了更多的为什么,对学习充满好奇心、充满渴望?

(2)是不是对知识积极思考,有自己独到的理解,把知识学得更扎实、更系统、更有利于自己掌握?

(3)是不是积极讨论发言,进行了更广泛的参与,有意识地培养能力,发展合作精神?

(4)是不是展开了想象的翅膀,有了更丰富的思想和理想?

(5)是不是对所学的东西更感兴趣,对学习产生更强烈的好奇心和追求?

(6)是不是对自己及周围的人和事有更深刻的看法和感受,对自己更新、创新的发展更有信心,形成良好的学习习惯和向上的人格?

据此,教师可以判断一个学生听课的水平与问题所在。一名厌学生在这些方面都较差,所以,教师可以帮助厌学生逐个改善,一一解决听课中的问题,并采取相应的措施帮助纠正。我们再次强调要循序渐进,教师要有足够的耐心和决心。

怎样提高厌学孩子的上课水平呢?

(1)让厌学的孩子明确听课的意义,决心改变自己。

想让厌学的孩子提高学习成绩,帮助他们走出学习困境,改善学习生活,学得主动自由,不断地取得成功和发展,一定要让孩子明白上好课是关键。另外,还要让孩子明确听课的意义,促使其下决心改变自己,提高自己。要想改变自己,一定要正视自己,正视自己现有的听课状态,看到自己的不足和缺陷,虚心向老师和同学请教,努力提高自己,最终实现改变自我、发展成一个崭新自我的目的。

(2)做好上课准备,提高上课效率。

厌学孩子要克服上课懒散、分心等不良状态,要在听课时能集中注意力、积极思考、充分展开想象等，必须做好上课的准备。主要是做好以下四个方面的工作：

第一，注意休息，规律作息。①保证睡眠，提高睡眠质量。为此，要做到下述"四要，四不要"。"四要"：青少年要在晚上10点左右睡觉；每天要坚持同一时间睡觉；睡前要用热水洗脚，如果自己能做做足部按摩更好；要做到躺下就关灯，闭眼就睡着。"四不要"：不要在睡前(吃完晚饭后)喝浓茶、咖啡之类的饮料；不要在睡前做剧烈的运动；不要在睡前看过分刺激的电视或动感情的小说和信件；不要在睡前半小时内进行紧张的学习或激烈思考。②重视课间休息。有些孩子不重视课间休息，下课后还坐在位子上看书、思考问题、做练习(作业)等。不会休息，就不会学习，不仅影响成绩，甚至影响一个人的精神状态。③重视积极休息，即学会通过体育锻炼等方式的主动休息。

第二，营养合理，吃好早餐。早餐一定要吃，而且要吃好，不仅要吃主食，还应吃些蛋、奶、肉等食物，以补充脑力劳动需要的蛋白质和脂肪，以充足的营养、充沛的体力和精力去上好课。

第三，注重体育锻炼，形成锻炼习惯。大脑是我们学习的主要器官，它的正常运转需要健康的身体支持和多种物质的供应，氧气是大脑活动需要的主要能源。体育锻炼可以增加肺活量，改善呼吸功能，增加血液含氧量，以给大脑充足供氧。体育锻炼能增强心脏功能，可以改善脑血管的弹性，从而改善大脑的血液循环。体育锻炼时会使大脑皮质的兴奋点转移，是脑力劳动的一种积极的休息。为搞好体育运动，要做到以下三个方面：①做好课间操，要用力做、认真做，它对强壮身体、提高注意力很有好处。②上好体育课。学校里体育课的内容经过多年理论和实践证明，非常适合青少年成长需要，对青少年身心发展很有好处。③自行安排体育锻炼。住校的孩子或寒暑假在家的孩子，应自己安排晨练，它可以活动肢体，呼吸新鲜空气，振作精神。但晨练不应过量。放学后，应该坚持到操场去活动活动后再回教室做练习(作业)或回家。总之，要注重锻炼身体，养成坚持锻炼的好习惯，保持旺盛的体力和精力。

第四，做好预习(详见本章第一节，此处不再赘述)。

(3)积极思考，学会思考。

用心思考是听课的重要任务和活动。思考在人的全面发展过程中起着决定性作用,要在积极思考过程中学会思考。

①厌学生首先要在"懂"上下工夫,打好基础。孩子学习的目的不是把自己的大脑当成"口袋"去装知识,而是要理解知识、运用知识。首先要在"懂"字上下工夫。一是懂概念。这是学习最根本、最重要的任务之一。如果把知识体系看成一座大厦,那么概念就是这座大厦的基石。孩子学习概念的主要毛病就是只背记概念的定义文字,这是造成学习成绩不好的主要原因。二是懂规律。也就是要懂事物的变化关系。要明白这个规律是怎么建立的、人的发现过程是什么、变化关系的具体内容是什么、适用范围是什么、有哪些基本应用。上述问题都要用自己理解的话把它说出来,说得越准确越好。三是懂情境。无论文科还是理科,积极思考都会使自己进入一个新的境界。尤其是文科,一定要理解阅读,或品读。要积极去思考作者的思路和用心,理解越好,品味越深,收获就越大。

②厌学生更要在课堂上思考。上课是教师主导下的有计划、有组织、有安排的科学认识过程。教师应该引导孩子充分认识教师在课上的作用,指导孩子上课时应该进行三方面的学习和思考:一是要学习思路。要注意这堂课老师是怎样开头的。一般老师开头都要讲在什么情况引出新课、它的意义如何。要注意大小标题的安排,思路是否清晰、明确,字句是否简练,板书上的大小标题和教材有时并不一样,有的地方用词是很有讲究的。还要注意课的结尾。老师在课的结尾一般都要做个小结,这既是强化,也是经验,并对进一步学习提出建议。这些内容需要学到手,教师无论是讲解大的问题还是小的问题,思路总是很有顺序、很有层次的。二是要学习重点、难点。学习进步的过程就是突破一个个重点、难点的过程。在这方面,教师具有不可替代的作用。越是高水平的教师,他们课上重点越显明,难点就越"深入浅出""通俗易懂"。这是教师用他的知识和能力,经过加工后,用科学的教学原则和方法"精心设计"的结果。书本上的文字写得很精练、规范,在某种程度上变得难以理解,而教师往往用几句话、几个字(词)就能一下子"打开孩子的心扉",或把真切的含义"说到孩子的心坎里"。这不仅能使孩子更好地把握知识、培养能力,更能使他们感受到思维的伟大和美好,形成会思维、爱思维的习惯。三是要学特

色。教师上课时通过声音、板书、动作、表情态度以及现代化多媒体手段来教学,都是经过科学的论证和充分准备的。不同的教师在这方面有不同的特色。搞好上述"三学"不仅有利于积极思考,也为学生学会学习打下一个良好的基础。

(4)做好笔记。

随着年级的升高,做好笔记就成为孩子听课的基本要求。学会做课堂笔记是孩子上课的基本功之一。做好笔记有以下三个好处:第一,笔记是课堂学习的一份重要资料。一堂课学了什么、学的程度、学的情况等,这些资料都很宝贵。第二,有利于掌握知识。既有利于整体、系统地把握知识,又有利于推敲重点、难点,更有利于课后复习。第三,有利于提高学习能力。笔记的内容既体现出孩子的注意力、观察力、记忆力,也能体现其思维力、想象力和创造力。它还能看出孩子书写能力、审美能力、创新能力及个性特点等。

那么,课堂笔记该怎么记呢?

一要记思路、记重点。记下老师板书上所写的纲目和重要内容,重要的图解和表解,典型事例以及老师补充的、书上没有的内容。需要告诉孩子的是,一定要以听为主,以记为辅。在听、记矛盾的情况下,首先集中注意力去听,听思路、听重点。尤其是在老师讲解重点和难点时,老师往往语速放慢、语调加重,这时,孩子一定要紧跟老师思路,思考为主,努力听完整、听系统,然后概括地、有重点地做一下笔记,记思路、记重点。课堂上长期这样努力,能养成良好的概括能力。要注意,笔记本是自己的学习工具,怎么做对自己学习有好处就应该怎么做,不能太乱,但也用不着过分整洁,它不是装饰品。

二要记收获。在笔记中记录自己的看法、体会、联想等。可以将"符号法""批语法""关键词法"结合起来使用。有的孩子一边听、一边记笔记,还一边用脑子有意记忆、画上评价符号,甚至自己收获大的地方、感兴趣的地方都有符号、色彩、图形等,这就是很好的笔记。

三要记问题。既要记录没有听懂的问题,也要记下自己发现的问题。有困难的地方,需要运用过去学过的知识的地方,要记下来。课后要及时找同学和老师请教,把问题和困难解决,需要的旧知识尽快自己查找出来,把笔记补上。自己发现的问题,能形成专题进行研究更好。

(5)提高听课的参与程度,善于合作。

孩子是学习的主体,孩子特殊的认识实践活动具有不可替代性。孩子要使自己的学习达到主动、自主并具有创造性,这需要长期培养过程。培养的主要途径和方法,就是提高自己听课的参与程度。

一要积极发言,培养语言能力。说话可以使自己的思想更加清晰、完整、准确,说话可以增强自我意识、培养自信心。只有当自己克服害怕心理,征服畏惧,站在老师面前,站在同学面前,说出自己的意向和想法、向大家展示自己的心灵时,才能真正地和大家进行心灵的碰撞,才会在大家的心目中塑造自己的形象,从而使自己和大家相处得更加亲切、和谐。课堂是锻炼和培养口才的好场所,孩子要充分利用课堂,过好语言关。当然说话要有规矩。课堂是大家共同学习的场所,要有一定的纪律要求,课堂上不能想说就说,影响课堂秩序。发言前要先举手,经老师允许后再说话。发言时,要站立端正、态度自然、声音洪亮。培养这些好品质,终生受益。

二要积极思考,提高思维能力。一是要有思想。无论是回答问题或参与讨论,要尽可能地在说话前先有自己的思想(先想一下或先想好),然后再说话。也就是先自己在脑子里组织一下内容,清理一下思路,再说话。这样的努力很重要,会使自己从接触话题开始,在很短的时间内说话就能很有条理,并简单、明了,防止说话杂乱无章,从而培养思维的灵敏性。二是要有个性。不要照本宣科地重复别人说过的话,要说自己心里的话,要说真话。培养思维的深刻性。三是要有新意。努力表述自己的新思路、新想象、新感觉和新体验,充分体现思维的创新精神。

三要重视与同学、教师合作学习,发展良好的人际交往能力。良好的人际关系可以创造一个和谐、舒心的学习环境,可以获得老师更加热诚而耐心的指导和帮助。孔子说:独学而无友,则孤陋而寡闻。良好的人际关系可以使自己在学习中获取真知、提高能力。青少年时代有几个常在一起坦诚地讨论、学习的伙伴,互相激发学习兴趣,不仅能及时地解决学习问题,而且对未来的工作也大有裨益。比如,现代诺贝尔奖金获得者的研究近80%是合作完成的。

第三节 厌学孩子练习(作业)的引导

一、练习(作业)概述

练就是熟悉,习就是应用。练习就是在教师的指导下运用知识反复完成一定的操作以形成技能技巧的一种学习方式。孩子学习知识后,必须对其进行巩固和应用。练习(作业)是知识巩固和应用的重要形式之一,因此,做练习(作业)是完整掌握知识的必要环节和重要手段。它的应用很广,各年级、各学科都要进行不同的练习(作业),用于熟悉知识、巩固知识,形成技能技巧。中小学生50%~70%的时间都用在了练习(作业)上。可见,练习(作业)在学生学习中发挥着重要的作用:

(一)练习(作业)帮助学生学会审视自己的学习

学习求知的一个目的是应用。通过练习(作业)使知识得到应用,孩子对知识掌握了多少?掌握得是否深入、灵活?能否运用所学的知识和本领去解决实际问题,为未来解决实际问题做好准备?练习和做作业就是完成上述意图的一个检查手段。孩子要重视老师留的课后练习(作业)。老师留的练习(作业),多数题目是基础题,是对重点知识的检查,针对性较强,对这些题目要准确无误,认真按时完成;少数题目是综合题,需要有一定的运用能力。一般来说,练习(作业)做得顺利,正确率高,在一定程度上说明这部分知识掌握得比较好;如果情况相反,说明这部分知识掌握得不好,要及时检查找原因,及时补习。

(二)加深记忆,巩固所学知识

在多年的教和学的过程中,人们积累了一些好的题目,有的题目典型、深刻,充满趣味。孩子做了这样的题目,对知识会有更深刻的理解。很多孩子都有这样的体会:做了题目以后,感到自己对某些知识才真正明白了。另外,练习(作业)大多围绕教学中的重点和难点形成,有的针对孩子学习容易含糊和容易忽视的内容设计。做一些这样的练习(作业)后,会促使孩子学习得更加准确、扎实,使知识及时得到强化。

（三）培养孩子运用知识、解决实际问题的能力,开发学生智力

课本知识是一种间接的、抽象的知识。通过预习、上课、复习,只能算对知识初步认识。孩子之所以感到课本知识有些"严肃"和"死板",是因为它那丰富的内涵和外延还远远没有展现出来。练习(作业)却可以使这些知识活跃起来,特别是一些解决实际问题的练习(作业),它要求灵活地运用所学的知识,所以,多数孩子是愿意做练习(作业)的。不仅如孩子所说的"练习(作业)使知识活了",同时练习(作业)还能培养学习兴趣,激发孩子的潜能。它还可以形成孩子各科学习的基本技能,如写作技能、绘图技能、操作技能及运用技能等。练习(作业)必然引导孩子积极思考,从而使其观察能力、记忆能力、思维能力、想象能力及创造能力相应地得到锻炼和提高。当下,练习(作业)越来越多地与实践相结合,这就要求孩子能面对实际问题、解决实际问题。父母要注意培养孩子分析解决问题的能力、搜集处理信息的能力及语言文字表达能力等,从而拓展孩子的智能。

（四）培养孩子良好的个性品质

孩子做练习(作业)的过程也是解决问题、克服困难的过程。它不仅需要孩子有意志力,还需要孩子有学习兴趣和学习信心。孩子交上来的作业本、试验报告、作文,还能反映孩子的态度、责任感、负责精神等。练习(作业)的成绩与孩子的学习成就感密切相关,练习(作业)写得好,有利于孩子良好品格的形成。

总之,做好练习(作业)是孩子掌握知识、培养能力、形成品格不可或缺的重要环节。

二、厌学孩子练习(作业)的引导

（一）厌学孩子练习(作业)行为水平的阶梯目标

如果我们问孩子:怎样做练习(作业)收获大? 许多孩子几乎同时就

会这样回答："多做习题呗。"可想而知,这些孩子整天在"题海"里苦苦地煎熬。有的孩子甚至整本整本地做了不少题,到头来,成绩仍然不理想,甚至中考、高考落榜。这样的事例既让人同情,又发人深省。练习(作业)需要有一定的数量,但"题海"战术是害人的,一定要让孩子掌握做练习(作业)的科学观念和方法。我们参照林格等学者的阶梯式孩子作业行为水平表对厌学孩子的练习(作业)进行阶梯划分。

第一级:认真完成练习(作业)。它有两个要求:第一,先复习,后做练习(作业)。若是没有复习,对知识理解不深、记忆不牢、知识零碎,这样去做练习(作业),必然思维困难、质量不高、效率降低,久而久之,既会严重影响学习效果,也不能真正达到检查和应用的目的。第二,注意审题,认真解答,书写工整,按时完成。注意审题就是要重视了解题意。因为看错题和误解题意而做错题的现象十分普遍,不胜枚举。而那些成绩好的孩子,有一个重要经验就是平时做练习(作业)时,都应有认真审题的好习惯。解答过程要认真,过程中的一点小错会造成最后结果的很大偏差;要按规范要求,书写工整,条理清楚,按时完成练习(作业)。为了审好题,要努力做到四点要求:一是准确读题,也就是要稳点、慢点、沉着冷静地读,对有些关键字句要有警觉地读。二是剖析题意,也就是要分解、分析题目,哪是已知、哪是未知? 图景如何、过程如何? ……一定要把这些弄清楚,还可以通过画示意图来分析问题。三是理清思路,也就是要有解答问题过程的考虑或设计,越明确越好。四是搞好联系,尤其是要搞好题目与学过知识的联系:要明确现行的教学中练习(作业)、考试等都是围绕学过的知识来出题。因此,无论题目多么实际、多么新奇,一定要紧紧联系自己学过的规律、原理、公式等去灵活运用。

第二级:提高效率的练习(作业)。第一个要求是准备充分、充满信心。首先是知识上的准备。不但要对基础知识进行复习,还应该有经验和能力上的复习,明确这些练习(作业)要考查的内容。其次要有环境准备。自己学习的桌面要收拾干净、整齐;不常用的资料不要摆在桌面上,正在用的学习资料及练习(作业)本等也要按一定的顺序摆放好,常用的文具要放在固定并容易取的地方。这样做既能提高练习(作业)效率,还能养成井井有条的良好学习习惯,对将来的工作也很有好处。再次是时间准备。最好要安排一个不被干扰、不间断的时间来做练习(作业)。第二个要求是要像考试一样去做练习(作业)。那就要求孩子做练习(作业)前先做好复习,掀开练习(作业)本一气呵成,再做检查,就像考试一样。但现在很多的孩子却是边看书边做练习(作业),效率很低。给孩子准备一块手表,在做完练习(作业)前后注明时间,做到及时认真完成练习(作业)时,应给予表扬。

第三级:自我评审练习(作业)。实践证明,这个做法对孩子提高成绩很有效。第一个要求是对练习(作业)进行自我检查、及时更正。做完练习(作业)后,自己及时进行检查,既保证练习(作业)的质量,又可以形成自我教育的意识和习惯。怎样进行自我练习(作业)检查呢? 其常用方法有:①逐步检查。从审题开始,一步一步地检查,发现错误及时改正。这种顺着原来思路的检查,很难发现解题思路上的错误,多用于发现计算和表达方面的问题。②重做检查。如果时间允许,不妨重做一遍,可以有意识地换个思路,换个方法重做。重做后,比较步骤和答案,既可以分析错误原因,也可以找到更好的方法和经验。③带入检查,或叫做逆向检查。把结果带入原题目中,看是否合理。解答理科习题时常用这种方法,应熟练地掌握,同时不同学科应采用相应的方法来进行检查和更正。第二个要求是自我评审练习(作业)。自我评审练习(作业)的做法很简单,即要求孩子做完练习(作业)后,在题目前面,用红(蓝)铅笔的红笔画个标记,当然事先征求老师同意更好。评审的方法举例如下:有的题目非常简单,孩子认为自己一定能做对,就画上一个竖杠"丨"。若题目是动点脑筋做出来的,有点意思就画个钩"√"。难点的题目就画个三角"△",感到很难又很有收获,就画个醒目的大三角。有的练习(作业)是很有代表性的典型题(或是个小规律的题),就画个五星"☆"。特别好的就画大五星,代表收获特别大。再难的,有点"超纲"的就画个花"*"。让孩子能及时对练习(作业)进行评审。通过不断整理和筛选,可以掌握课内外练习中的好题,掌握典型的运用范例。同时使孩子意识到,做练习(作业)不是"交差",不是写完后推给老师完事,加强了孩子练习(作业)的主体性。自我评审练习(作业)有利于培养孩子元认知能力。

第四级:经验练习(作业)。第一个要求是尊重教师对练习(作业)的批改，及时更正，做好小结。孩子对练习(作业)的思路和表述一般都带有明显的个性特征，因此，教师的批改就具有个别性和针对性，作文一类的练习(作业)尤其如此。教师每批改一次就相当于一次个别辅导。尊重教师劳动的最好做法是及时修正自己练习(作业)中的问题，并做些经验和教训的小结。第二个要求是学会自己总结练习(作业)经验，即在题目后面写明画三角、画五星的原因。如果是老师认为这道题好，可以在题目的右边画上一条竖线。题目很好，可以画上三条或五条竖线，写上自己的经验和教训。如果是自己找到的好题，可以在旁边画上插入线"<"，并写出自己的经验和教训。这样做可以记录自己学习时的思想，还可以形成一份重要的学习资料，提高练习(作业)水平。在总结经验的过程中，你会发现下面三个内容很重要：一是一题多解，也就是对一道题寻求多种解法，而且能比较出"步骤高明""方法巧妙"的解法。这是孩子运用能力达到高水平的重要表现之一，它有利于培养人的发散思维和创新精神。二是一题多变即做完一道题后，想一想这道题能不能变一变。例如一道题有三小问，就问问：如果这道题只有最后一问，自己能不能做出来？从内容和形式上进行变化的题目很多。许多好题和难题都是这样演变出来的。这样做，可以培养孩子思维的广阔性和灵敏性。三是多题一解，就是要善于对题目进行比较归类。有些题目确实有相同的解法，当然，这需要自己下工夫总结经验、归纳整理才能获得。

第五级：发展练习(作业)。第一个要求，学到知识和规律后能自己估计有什么应用，这才是高水平的学习。第二个要求是能结合实践发现问题，形成专题，注重专题研究的过程、方法和成果。第五级练习(作业)水平不是高不可攀，只要很多孩子尝试发展练习(作业)，就有收获。

(二)厌学孩子怎样做好课外练习

当学习时间有富裕时，孩子可以做些课外习题，即做参考书上的习题。课外习题可以开阔眼界、活跃思路，增加知识的深度和广度，培养运用能力等。但万万不可乱翻参考书，东一道、西一道地乱做一气。有些孩子甚至整本整本地做一些水平低下的习题，既增加了负担，又于学习有害。课外习题要围绕着正在学习的内容做，做时应注意三方面问题。

1. 做好教师指导下的课外练习和参考书习题

教师有时会根据孩子学习的情况,在课后布置些课外习题。这些习题大多由有关教研部门编写,或从较好的参考书上选出,而且大多是班上较多同学都有的,这些题目较符合正在学习的内容,适合本班孩子学习特点,所以要做好这部分习题。同时老师有布置,一般就会有指导、有讲解、有总结,从而扩大学习收获。有的孩子很想多用几本参考书,这时,最好去找老师,而且应该多找几位老师去征求他们的意见。如果他们认为你的想法可以,会推荐给你一些近期的、比较有水平的参考书。

2. 精做习题为主

对那些简单的、重复的、一看就会的题目不要浪费精力,要选择重要的、新颖的、典型的例题和习题并认真地去读、去做,而且要边做题、边评题、边总结,总结方法、总结类型,还可以跟同学们讨论,巩固和强化收获。

3. 不断整理好习题资料

如果是长时间不做整理,或是把做过的习题随手扔掉,就和"狗熊掰棒子,掰一个丢一个"差不多,做得多,忘得多。做课内习题、课外习题和考试题,这些习题都是重要的学习资料,那上面有自己的劳动成果,记录着自己的学习方法、经验和技巧,课外习题还体现着自己主动、勤奋的学习精神。每过一段时间看看自己的习题资料也会有收获。考试前,这些资料就更可贵了,所以一定要不断整理、保存好习题资料。只要有整理的意识,整理习题资料便轻而易举。整理的方法各异,可以分门别类、按时间顺序整理,可以装在袋子或夹子里放好,也可以加上标签存档等。

第四节　厌学孩子复习的引导

一、复习概述

心理学告诉我们,知识学习的基本规律是感知、理解、巩固、应用,可见,巩固是学习不可缺少的环节。孔子说:"学而时习之,不亦说乎?"苏霍姆林斯基说过:"复习是学习之母。"巩固、温习都与我们现在所说的复习有关,复习就是重复学习、反复学习。复习是学习过程中的重要一环,复习是预习、上课学习后的再学习。它是一种巩固性、深入性、发展性的学习，是加强孩子主体性的自学。

一般讲复习，主要指的是课后复习，即每次上课后的复习。课后复习的内容主要是当天学的知识，复习的多少和水平多是自主安排。如果是学过较长时间，集中一段时间对较多的知识进行整体复习，就叫系统复习，如单元复习、阶段复习、考前总复习等，这种复习大多是在老师指导下，有要求、有安排的复习。所以，课后复习更需要自觉性、积极性，它是搞好系统复习的基础，按照复习时间的分配可划分为分散复习和集中复习。分散复习就是把要复习的内容分散到不同时间来复习，开始阶段次数多，间隔短些。集中复习就是在较长一段时间内专门从事复习，特点是内容多，时间集中，干扰少。一般来说，分散复习的效果较好。

成绩好要靠复习，复习的方式包括：背诵、做练习、组织知识结构等。通过复习，可以起到多方面作用。

（一）加深记忆，巩固所学知识

孩子在一天里，各学科的知识学得很多。对于新学习的知识，安排一段时间，及时地整理一下，是十分必要的。特别是把上课没有听清、没有弄懂、没有记住的知识，及时地查缺补漏，使知识完整、扎实，对深入学习很有好处。要养成一天学习后及时复习巩固、做学习小结的习惯。孩子所学的知识主要是间接的书本知识，不像自己亲身实践体验得到的印象那么深，必须及时巩固、强化，才能记住和掌握。

知识是相互联系、由浅入深的。头天的课没复习、没理解、没记住，第二天上新课就会出现接不上、难理解的状况。可见，复习能加深记忆、巩固所学知识，能为上好新课、提高上课水平做好准备。

（二）查漏补缺，深化所学知识

上课是教师主导下的活动，不可能完全按每个学生的水平、意愿去进行，必然会出现有的知识理解浅一些，有的甚至不理解。也就是，完整的知识学下来，在学生知识体系里难免出现漏洞和欠缺。因此，完整地、深入地理解学习内容，就落在复习上了。

复习贵在能深入,要充分展开具体形象思维和抽象逻辑思维来进行思考。努力运用分析与综合、抽象与概括、比较与归类、系统化与具体化、归纳与演绎的思维规律,对基础知识、中心思想、变化关系,要能深入下去、分析下去,有自己的理解,有新的看法和想法。孩子学习最忌讳似懂非懂,似是而非。对重点知识的学习,一定要钻研得深一些、透一些。在中小学阶段,把基础打得牢牢的,对进一步学习大有好处。复习时,对知识的理解和把握要做到深入,深入,再深入。

（三）使知识系统化,融会贯通

一门学科是一个大的知识体系,其中单元知识是一个中小知识体系,每堂课的内容也是一个小的知识体系。对于概念的建立、中心思想的形成及原理的组成,无论是课本的编写,还是教师主导下的课上活动,都有着严格的逻辑和系统安排。上课是一个把书本由薄变厚的过程;复习则是一个把书本变薄的过程,就是要进行综合、归纳,把概念、原理等连贯起来、组织起来,理解它们之间的联系,形成系统知识,这样才能更好地把握知识。对知识系统,要不断地进行概括。常用的一些方法有:提纲法、比较法、列表法、图示法等。复习可以充分利用这些方法,使得知识系统完整、简练,把课本由厚变薄,甚至可以把一章内容,变成一页纸上的提要来充分掌握。

知识系统化,既有利于深入理解基础知识,整体、综合地把握运用知识,使所学知识融会贯通,又有利于学生从不同方面、不同角度理解和处理问题,这对培养其分析问题、解决问题的能力很有好处,是对解决综合性练习的充分准备。

二、厌学孩子复习的引导

（一）厌学孩子复习行为水平的阶梯目标

厌学孩子上课都有困难,课后复习更成问题,自觉性和主动性很差。这就更要教师加强对孩子复习的引导工作。参照林格等学者制定的《阶梯式孩子复习行为水平表》,我们认为厌学孩子的复习行为引导目标可以划分成五级水平。

第一级:巩固复习。

它有两个要求:一是对所学知识进行回想。巩固所学的知识是复习的基本任务。怎样做好巩固复习呢？正确的做法是:要做好学习回想,学习者可在课余时间,最好是利用晚上睡觉前一段时间,静下心来独立地把课堂上所讲的内容回想一遍。当回想出现思路中断或想不起来具体内容时,先不要翻书,而是继续往下想。等全部内容都回想完了,再针对不会或生疏的内容,对照课本或笔记进行阅读思考。只要认真去做,人人都能做到。二是在回想的基础上,每天或每周都抽出一定时间进行反思。主要是针对回想中出现的问题,为什么某些知识不能回想出来,尤其那些大部分知识不能回想的学生,更有必要进行这个工作。对于反思的练习,开始阶段最好能够以日记的形式写出来。例如,如果你发现知识回想率不高的主要原因是你的注意力问题,那么通过反思你就每天晚上记下对自己注意力集中情况的观察情况。很快你就会发现,你会在一天之内对注意力集中情况有更多的留意,并且随着这种留意,你的注意力集中情况也会不断得到改善提高。当然你还可以对自己的改变程度进行量化评估,从注意力集中很弱(刻度为1)到很强(刻度为10),看看你现在的位置在哪个刻度。

有的孩子认为:"那点知识,预习过,老师又讲过,复习时就是简单地再把书看一遍呗。"在这种错误思想支配下,他们在复习看书时,很少开动脑筋,进行积极的思维活动,像看小说似的,好像都明白,好像都能记住,致使到应用时却发现很多地方不理解,很多知识都忘了。厌学生则根本不想进行回想反思,不收藏他们的收成。他们不是平心静气地坐下来思考点什么,而是更喜欢对永恒不变的状况感到无助和恼怒。例如,当一名厌学生考试又失利后,教师对他说,你的哪一部分知识没有掌握好,可以通过什么方式进行改进时,他只是一句"我就是学不好了!"厌学生往往采用如此简单的方法来把自己学业的落后和失败归结为脑筋问题、学不好了,而不是着手解决问题。

对厌学孩子一定要先做好思想工作,即使之明白这样做的好处。

第一,巩固学习的知识。

在不看书和做笔记的情况下,能把课上的主要知识较完整地甚至很感兴趣地回忆起来,这就代表对这部分知识初步理解了、记清了。当然,可能会有一小部分知识想不起来了,或是需要补习的内容,这时就迫使学生积极地去看书和复习,补习课上没有弄懂的问题。当坐下来反思、回想整天的学习内容、过程、策略及目标时,我们的头脑中又过了一遍所学的知识,思索着学习过程,考虑着我们达到了什么目标、什么程度,还需要做些什么,并评估所选择的策略等。反思就像收成,通过反思、分析和阐释,你就可以将你的储藏室装满认识和经验。当你需要他们的时候,又可以从架子上取出来。

第二,培养思考习惯。

因为要回忆得好也不是件容易的事。它需要专心地坚持,需要追寻预习和上课时的思维过程,概括上课学习的主要内容。有时一个问题"卡"住,需要千方百计、煞费苦心地寻找回忆线索。因此,回忆能培养孩子系统、完整的思想。尽管低年级孩子这种系统、完整的思想还处于初级水平,但它最能促进孩子思维结构的动态性发展。这样回忆促使孩子会思考、爱思考,这是会学习、爱学习之根本。

第三,总结经验教训,提高学习水平。

如果能回忆出全部或大部分内容,则说明自己的预习和上课颇有成效,这会促使自己更加主动、热爱学习,积极思考、培养能力、展开思想,会使上课的水平更高。

如果有较多部分回忆不起来,就要及时反思寻找一下原因,预习的准备是否够、上课思考得是否积极、有意记忆是否进行等。这其中最重要的是思考是否积极,因为不懂的东西很容易忘掉。

反思为积极主动地去着手处理或改变这种情况奠定了基础。当你行动并再次反思时,又会获得新的经验,而这些经验会使你以新的眼光看待世界。反思和积累经验使你得以改掉坏习惯、建立好习惯。好习惯会渐渐改变你既有的性格,并对你的未来产生部分影响。

总之,通过学习回忆,可以促进思考、巩固知识、总结经验教训、提高学习水平。这样的学习回忆,也能增强学习的自我意识,提高自我觉悟。

第二级:重点复习。

它有两个要求：第一个要求是要狠抓基础。狠抓基础的重点复习有两个方面：一是对重点知识有自己的深入理解。要善于对学过的重点知识反复深入质疑、发问、思考。首先弄清重点知识的意思是什么、真懂了吗、怎么样简明表述。因为真正明白的东西是容易简明表述。然后再考虑为什么学习它，它有什么用处。这样的深入理解常叫做弄清知识的来龙去脉。"来龙"就是基于什么需要而产生的，"去脉"就是明了它如何应用，只有这样才能真正巩固知识、掌握知识。二是在深入理解和思考的基础上，有针对性地看课本、笔记、参考书。课本上的内容是最规范、精确的表达。老师在课堂上讲解的板书、笔记的主要内容，是孩子最适合理解的。参考书可以从多角度、多层面上帮助理解。应把最适合自己理解的笔记整理好，留下一份自己深入理解的学习材料。

第二个要求是善于请教，养成好问的良好习惯。怎样养成这种好问的良好习惯呢？一要重视问、及时问。好问是重要的学习方法。我们常有这样的体会，自己怎么也弄不懂的问题，老师一句话就顿时全明白了；自己总是感到模模糊糊的问题，和同学们说说，就立刻清楚了。那种只知道自己死啃书本、不善于请教的人，恰恰是忽略了老师的"点拨"作用和同学们的"互动""互助"作用。问题积累多了解决起来会更困难，甚至严重影响学习积极性和效果。二要敢于问、主动问。有问题不问，多是出于"怕"。怕这怕那又常是自己多心所致，大胆地找老师就会发现，多数老师很有耐心，有学生问问题时是很高兴的。老师教学就是解决学生解决不了的问题，要以此为宗旨，鼓励孩子敢于问、主动问。三要有思考地问。有问题，一定要自己先思考一下，自己能解决最好。自己解决不了的，通过思考也能找出问题的关键和思路不通之处，这样有思想地去问问题，一定会受到老师的赏识。如果能有技巧地问就会更好。比如老师用红笔划掉了作文中的一段文字，孩子最好不要质疑"为什么给我划掉"，而应当问"我怎么改写好呢""你建议我怎么写呢"，老师会给你很多宝贵的指导。总之，要善于请教。请教是最大限度地利用老师和同学们的智力资源，请教是搞好学习的重要方法。

第三级：系统复习。

系统复习是单元系统复习、阶段系统复习、考前系统复习的简称。一般是有老师的指导,有复习大纲,有复习检查等。为了找出知识之间的内在联系,从整体和系统上掌握知识,培养概括能力,教师可以教会学生灵活地采用一些使知识系统化的具体方法。

一是批注法。在课本和笔记本的页边上,用经过思考的、简要的文字,对整段内容或一小段文字的中心思想做出批语。这种简明、扼要、醒目的批注,可以明确表示出自己读这段书时的思想和情感。反复推敲、深思熟虑的批注是非常可贵的复习资料。

二是单元复习时,可用"读目录法"。书上大小目录就是大段、小段内容的纲要。反复翻阅、思考目录就是寻找和理解知识之间的联系,更好地从整体上把握知识的做法。

三是写提纲法,又叫做写提要法,即对一个章节、单元的知识进行提炼,系统地写出知识的要点。写提要法是系统复习时用得较多的方法。这种方法较多地用在一个章节、单元的知识系统复习上。如果一节课的内容很独立、很重要也可以这样做。它是在对基础知识有一定的理解、对知识之间的内在联系有一定认识的基础上,为了使重点更突出、关系更明显而自己编写的一份学习材料。它是表达自己对基础知识及其关系的看法的材料,既不是课本的简单缩写,也不是老师笔记和参考书的翻版,而是对上述学习材料的再加工,充分吸收各方面对自己有帮助的东西,形成的一份自己的系统材料。写这个提要是为了用来更好地把握系统知识,本质上是一个工具,因此,书写提要时,千万不要走形式,甚至原封不动地抄书上的重点字句。

系统复习还可以用比较法(常用列表比较)、图示法(常用结构图、流程图等)及列表法(常用分门别类列表)等。孩子根据不同的学习材料,灵活采用对自己最有益处的方法,对巩固、理解、系统掌握知识起到事半功倍的作用。

做好系统复习有两个要求:一是要找出知识之间的内在联系,从整体和系统上掌握知识,培养概括能力。系统复习的第二个要求是熟记知识系统。无论是批注、提要还是图表,既然是自己动了脑筋找到的知识联系,那就一定要有意记忆、记熟。要求孩子把全章节的知识系统全背下来、背熟,并能自然地表述出来,青少年正处于记忆力发展的最佳时期,这样复述很容易。这不仅能牢固地掌握基础知识和系统,为应用做好充分准备,更能发展孩子的记忆和思维,使孩子学会学习。

第四级:经验复习。

经验复习有两个要求:一是更深入地系统学习。复习后,在内容、方法等方面,自己有什么好经验要总结出来,发扬下去。把这些经验系统化就是能力。二是培养解决问题的能力。要适当地选一些题目试试,简单的题目,自己能不能一看题就明了考的是什么基础知识;综合性的习题,自己能不能明确解决的思路,这样做可检查自己学习、复习的效果,也可提高对知识完整化和系统化的认识过程,培养综合运用知识解决问题的能力,积累应用经验。

第五级:探究复习。

一是进一步形成专题,搞专辑或专题学习。这是一种集中、透彻的学习,是一种突破一般标准达到高水平的学习。爱因斯坦曾说:我没有什么特别的才能,不过喜欢寻根究底地探求问题罢了。爱因斯坦进行的就是针对某个专题的探究式学习方法。二是善于讨论问题,善于合作学习。在前面预习和听课中都谈到此项要求,搞好复习,特别是专题研究的复习,更需要合作学习、合作研究。

(二)厌学孩子良好复习习惯的培养

1. 明确复习的目标和任务

复习的目标有两层要求:一是复习内容的制定,二是规定对复习内容的掌握程度。高尔基说过:我常常重复这样一句话,一个人追求的目标越高,他的才能就发展越快,对社会就越有益,我相信这也是一个真理。没有目标的人生是荒芜的。有的学生复习目标较盲目,无目标;也有的学生有复习目标,但动机层次较低。只有为渴望求知、完善自我的内在动机所激励,才会产生源源不断的复习动力。目标过高,难度过大,超出了自己能力所及,很难长期忍受疑难的困惑和艰苦的探究,也只能维持三分钟热度而后放弃。只有适当难度目标才会有面对困难、面对挑战的持续的热情。除了有总目标,还要按时间段来规定每一阶段的小目标。一次达到一个小目标,不但能调动积极性,而且还能成为达到总目标的加油站。

每一次复习都要明确主要任务。一般有这样五个方面：①查缺漏。通读、读懂教材，对知识进行查缺漏，对薄弱处进行重点强化。②加深理解，使知识系统化，使复习内容真正成为自己知识链条的一个有机组成部分。③构建体系，对知识进行系统整理归纳。④强化记忆。以适合自己认知水平和知识基础的方式浓缩记忆。⑤解题力求规范。在解题思路、方法、过程方面力求简捷规范，在书面表达和卷面形式上做到简洁规范，提升应用技能技巧，对知识把握能够融会贯通。

2. 及时复习

及时复习的优点在于可加深对学习内容的理解，防止通常在学习后发生的快速遗忘。根据遗忘曲线（见图5-1），识记后的一两天内，遗忘速度最快，然后逐渐缓慢下来。因此，对刚学过的知识，应及时复习。随着记忆巩固程度的提高，复习次数可以逐渐减少，间隔的时间可以逐渐加长。要"趁热打铁"，学过即习，方为及时。忌在学习之后很久才去复习，这样，所学知识会遗忘殆尽，就等于重新学习。

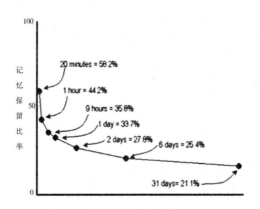

图5-1 艾宾浩斯遗忘曲线

及时复习要把握时间和频率。

（1）时间：当天学的东西当天就进行复习，时间拖得越晚，遗忘率就越高。若五六门甚至更多的功课需要复习时，怎样才能使有限的时间在众多科目之间得到合理的配置呢？通常要在完成老师任务的前提下，在自己精力允许的范围内，扬长补短，即加强弱科，巩固优科，争取发展一两个强科。制订计划时不要把时间安排得太紧，因为要留出机动时间来应付

"突发事件"或临时任务,防止计划被打乱。

(2)频率:复习不是一次性的工作,没有人只通过一次复习就能彻底把握。新学的东西,当天要复习,过三天要再复习一遍,到周末则把本周所学的所有知识再整体复习一遍。还要进行"循环复习",以一个月为周期,例如:在学习第四单元的时候,除了复习本单元,还复习第一单元;在复习第三单元的时候则顺带复习第二单元,这样就对以前的内容不断进行有规律的复习,又不会一下子占用太多时间。此外还要进行阶段性复习和考试前的复习。

3. 复习方法要多样化

复习时,针对不同学科、不同内容、结合自己的学习特点,要采用多种多样的方式,如编写提纲、绘制图表、制作卡片等。在形式上可以自己单独复习,也可以同学之间相互问答,或小组讨论。方式多样有助于提高复习的兴趣和复习的效率。另外,文理科学科特点不同,复习方法也不同。文科复习要善于"抓大放小",即阶段复习和总复习时要抓住重点,放过细节。对于细节的文科知识,要求记忆的内容来不得半点含糊,要充分利用一切可以利用的时间来复习这些内容。例如,每个章节的重点问题及主要观点,起码要在脑中形成一个整体的知识框架,看到题目就知道该到哪一部分去找答案。理科复习在理解基础上,反复练习提高速度。根据以往经验,有的考生会做题目,但是运算太慢,结果影响了发挥。另外,做题目不必做太多,要精选做题,每套题做完后要分析总结,吃透后再做下一套,反复练习纠错,才能真正提高。在做题的过程中,如果发现自己的某个知识点还没有掌握,要立即查漏补缺。"磨刀不误砍柴工",方法是复习的"力量倍增器",复习方法多种多样,适合自己的才是最好的。

4. 阅读和尝试回忆相结合

复习过程中常用到"尝试回忆"的方法,就是先不看书,把老师上课讲的主要内容回忆一遍,有人称之为"过电影"。边回忆,边写在纸上,对于回忆不起来的内容就先空着。等整个过程结束后,再打开课堂笔记和书本来对照,这样对检查自己听课、学习的效果十分有好处,尤其对于那些回忆不起来的内容,或者回忆错误的内容,对照教材和笔记更正后,印象会特别深刻。或者在临睡之前,躺在床上闭住眼睛,努力回忆老师今天讲课的重点,到回忆中断的时候拿出课本和笔记本再看一遍,这种方法既节省时间,效果也非常好。

5.给自己定一个时间限制

连续长时间的学习很容易使自己产生厌烦情绪。这时可以把功课分成若干个部分,给每一部分限定时间,例如一小时内完成这份练习,八点以前做完那份测试等。这样不仅有助于提高效率,还不会产生疲劳感。如果可能的话,逐步缩短所用的时间,不久你就会发现,以前一小时都完不成的作业,现在四十分钟就完成了。

6.克服不良的复习习惯

不要在复习的同时干其他事或想其他事。一心不能二用的道理谁都明白,可还是有许多同学边复习边听音乐。或许你会说听音乐是放松神经的好办法,那么你尽可以专心地复习一小时后,全身放松地听一刻钟音乐,这样比戴着耳机复习功课的效果好多了。不要整个晚上都复习同一门功课。有些同学喜欢用一个晚上来复习一门课程。实践证明,这样做非但容易疲劳,而且效果也很差。最好一晚安排复习两三门功课,情况要好得多。

小　结

(1)虽然每个厌学的孩子表现为逃避学习行为,但他们的内心深处,对学习的认识还是有很多渴望的。因此,对厌学孩子进行学习行为引导是可行的,就需要教师想办法把厌学孩子拉回到学习上来。学习是个复杂的活动,在不同学习阶段应给予不同的引导。本章从预习、听课、练习、复习四个阶段分别进行了阐述。

(2)预习就是课前的自学,是学生在上课前先独立地自学并做好上新课的准备,促使自己自觉探索,更加主动地学习。预习起到的主要作用是:培养自学能力和独立思维能力;使学习积极主动,直接提高听课效率;能开拓思路;提高记笔记的水平;能增强记忆效果。厌学孩子预习行为水平可划分为五级水平。教师可以循序渐进地培养厌学生进行不同水平的预习。

（3）听课是学生学习新知识的主要途径，是发展学生智力、培养学生能力的主要渠道。厌学孩子上课行为水平的阶梯目标分为跟着听课、识记听课、联想听课、多得听课、专论听课等级别。这样，对厌学孩子的听课要求具体了，状态水平明确了，对其自身的学习和老师的教学都有好处。听课阶段的关键是抓好学生"听懂"这一关。

（4）练习就是在教师的指导下运用知识反复完成一定的操作以形成技能技巧的一种学习方式。孩子学习知识后，必须对其进行巩固和应用。中小学生50%~70%的时间用在了练习上，可见，练习（作业）在学生学习中发挥着重要的作用。厌学孩子练习（作业）行为水平的阶梯目标划分为认真完成练习、提高效率练习、自我评审练习、经验练习、发展练习共五级水平。对于课外习题，做好教师指导下的课外练习和参考书习题；精做习题为主；不断整理好习题资料。

（5）复习是学习过程中的重要一环，复习是预习、听课后的再学习。它是一种巩固性、深入性、发展性的学习，是加强孩子主体性的自学。成绩好要靠复习，复习的方式包括背诵、做练习、组织知识结构等。复习在巩固知识、加强记忆、加深理解、知识系统化中起着重要作用。厌学孩子上课都有困难，课后复习更成问题，自觉性和主动性很差。这就更要教师加强对厌学孩子复习的引导工作。可以循序渐进地进行巩固复习、重点复习、系统复习、经验复习、探究复习，培养厌学孩子良好复习习惯。

思考题

1. 什么是预习？怎样引导厌学孩子做好预习？

2. 什么是听课？怎样引导厌学孩子听课？

3. 什么是练习（作业）？怎样引导厌学孩子做好练习？

4. 什么是复习？怎样引导厌学孩子做好复习？

参考文献

[1] 林格，程鸿勋.自主学习:厌学是中国教育史上的癌症[M].广州:新世纪出版社,2010.

[2] 彭聃龄.普通心理学[M].北京:北京师范大学出版社,2012.

[3] 薇蕾娜·施坦纳.10倍速学习法[M].海南:南海出版公司,2002.

[4] 张永华,湛业锋.中小学心理健康教育与心理素质训练[M].天津:天津教育出版社,2010.

[5] 郑显亮,等.中小学学习方法的理论与实践[M].合肥:合肥工业大学出版社,2005.

进一步阅读文献

[1]《10倍速学习法》

导读:《10倍速学习法》由瑞士学者薇蕾娜·施坦纳著,南海出版公司2002年出版,是国际上最权威的探索性学习读本。学习的方式因人而异,不同的学习习惯会影响每一个人的学习效果和程度。因此,找出个人最有效的学习策略十分重要。在本书中,作者通过多年教学实践,总结了许多不同的学习方式和学习策略,并从教会读者观察自己的思维、学习习惯着手,培养个性化的高效学习能力。

[2] 网络资源

学习方法网:中学生学习方法指导

网址:http://www.xuexifangfa.com/

简介:该网站内容丰富,涉及面广泛。包括教材同步指导视频、学习计划、学习方法指导、中考和高考辅导、大量的试题和学习资料等。它是教师辅导学生的资源网站。

第六章 教师引导家长帮助孩子
走出厌学的误区

当孩子进入学校,家长对孩子教育的首席地位就让给了教师。孩子们似乎更在意教师的评价和指导,家长们也普遍认为自己的孩子更愿意听老师的话。所以,很多家长得出老师比家长对上学的孩子影响更大些的结论。但无论是经典教育理论还是现代教育思想,没有人曾做出过教师比家长更有影响力的论断。连教育家苏霍姆林斯基也认为,家庭对孩子的影响,足以改变学校之前所做的一切工作效果。因此,对学生的教育,无论什么时候、无论对什么样的学生,离开家长的支持和配合是绝对不行的。

第一节 家长与厌学孩子的关系

一、厌学孩子家长的不良心理

厌学的危害,很多家长都是心知肚明的:厌学直接导致孩子学业不良,影响其心理健康的发展和良好个性形成,会改变孩子的人生命运,影响家庭幸福。因此,一旦发现孩子厌学,甚至逃学,家长们的心情就会大变。当然也会有部分家长,能够较为冷静地处理问题,而且能够化解孩子内心的痛苦。我们查阅了大量有关厌学孩子咨询的案例中有关父母的描述,发现家长们面对孩子厌学问题,常见的不良心理主要表现为三种。

(一)焦急,不知所措

从很多到心理咨询机构咨询的家长行为表现,可以看出,大多数家长内心是非常焦急、不知所措的。从他们对孩子的语言描述中,也能听得出来,他们内心的矛盾不安、焦急而不知所措。再就是,当家长打预约咨询电话时,也能听出他们内心的焦急和不知所措。例如,很多家长要求工作人员十万火急地安排咨询时间,并心存疑虑地问这问那,担心孩子咨询后的效果,会不会有什么其他的问题等。其实很多孩子在上学过程中,总是会有些言行表现出厌学的苗头或迹象,但很多家长在孩子问题还未暴露前,却把问题忽视了。等到问题严重了,才意识到问题不在自己控制范围内了,但他们搞不懂自己孩子怎么会变成这样,不明白其中的原委,面对这种新情况,他们不懂怎么帮助孩子,所以很是不知所措;但又怕时间长了,孩子耽误了学习,甚至担心问题会变得更加严重等,因此很是焦急。

(二)忧愁,痛苦

很多孩子的家长,尤其是母亲在叙述孩子的表现时,都是哭着诉说的。有些家长在面对孩子的问题不知所措的同时,内心开始变得忧愁、痛苦。他们期盼有个救星能助他们一臂之力,来拯救孩子脱离厌学的苦海。有的家长来到咨询机构时,显得疲惫不堪、满脸的无奈,看来他们内心经过了痛苦的挣扎,不得不来这里,很可能原本就不想来咨询。尤其当家长觉得自己解决不了孩子的厌学问题,想找咨询机构帮助,但孩子不肯接受咨询时,家长更是提心吊胆,生怕孩子会出更严重的问题。甚至有些厌学孩子的家长诉说自己的精神到了崩溃的边缘,偶尔会产生想结束自己生命的念头。

(三)气　愤

还有很多家长把孩子当成自己未完成梦想的实现者,或是给父母挣面子的工具。当孩子厌学造成成绩下降时,或当孩子跟家长说自己不想上学时,这样的家长就会怒气冲天,非要惩罚孩子不可。其实很多时候,问题的表现在孩子,问题的根源在家长。当然,也会有些脾气暴躁的家长,为了制止孩子的厌学行为而发脾气,甚至体罚孩子。

二、家长对待厌学孩子的行为方式

(一)过多的批评

在家长的批评声中,厌学的孩子学会了保护自己思想的行为方式,这种行为方式一旦形成就难以更正。

当前大多数家长只是出于爱孩子的直觉,管理着孩子的一切,却根本不知道过于频繁、不恰当的批评会给孩子的心灵造成怎样的伤害。尤其是对厌学孩子的不断指责和批评,甚至严厉的体罚等,更会加重他们的厌学心理。其实,就像为了保护身体不受(病菌等)伤害,身体要依赖免疫系统和神经反射系统以及为了保护自己的物质财产不受侵犯,人们需要依靠法律和道德系统一样,任何一个人当他的固有看法、偏见或者错误观念受到批评时,每个人都会像保护小鸡的母鸡一样保护着自己的观念。当我们遇到别人威胁或者侵犯你的一些价值观念时,总是要激起一些冲动的情绪,大脑会自动启动思想保护机制,保护自己的观念,这样会妨碍我们理智地考虑别人的观念。思想和观念是由一堆证据经推理而得到的结论,每个人每天都在为捍卫自己的观点和思想的正确性而忙碌着搜集证据。当然也会有些人抱着成见,固执地坚持旧有观念。前者属于强势的批判思维,具有不断发展自我、自我校正的趋势;后者则是为保护自己的思想不断对抗别人的思想,这种对抗当缺乏证据支持时,会以情绪、反抗、对立形式表现出来。这种保护就是固执、刚愎自用,实际上是不合理的思维方式,是自我防御机制的使用。

当家长对成绩不佳或厌学的孩子批评指责过多、总表现出不满(也许孩子真的做得不好,也许是家长对孩子要求太高)时,孩子们就会从自身利益出发,由于害怕被批评,害怕困难、担心做不好而受批评,再加上年龄的限制,他们还不会采用积极的批判性思维,但为了保护自己的思想和行为,就会启动自我防御机制,表现出所谓的不良行为方式。因此,过多批评对解决厌学孩子的问题是无效的。

(二)强迫,急躁

一旦孩子出现厌学而导致学习成绩下降,很多家长根本不去了解孩子的心态,而是急躁盲目,还一味只关注孩子学习成绩,给孩子施加更大压力,提出更高要求,"强迫"孩子多学习。例如上补习班、多做练习等。如果家长对孩子学习逼得太紧的话,孩子会变得比较焦虑、不耐烦。在潜意识里,会对学习产生逆反心理。这样逼迫的结果只能使孩子的学习更加落后。反之,则是一条能够挽救孩子的道路:对待厌学导致学习差的孩子,要切忌盲目和主观,要通过教育引导,使学生始终有明确的努力方向。学生心中有了确定的目标,就会有意识地为实现目标去努力,从而表现出坚毅、顽强的勇气。对待厌学导致学习差的孩子,要切忌急躁,不要急于求成,不给孩子施加太大的压力。要多和孩子沟通和交流,实事求是,看到孩子的优点,正确面对升学观念,真正认识到基础知识的学习对孩子学业的重要性,鼓励孩子一步一个脚印地前进。

(三)不良沟通

如果家长能够更关注孩子在学习过程当中遇到的问题和苦恼,随时掌握孩子的心理变化,平时多抽出时间与孩子进行交流,并进行必要的辅导,就不容易导致孩子厌学。事实上,很多家长平时不注意和孩子交流沟通,对孩子的具体情况不是很了解,只是重视孩子考试的最后结果。在这种不良的沟通条件下,孩子得不到足够的支持和理解,遇到困难又长期得不到解决,就会很容易导致厌学生境遇更加恶化。

尤其是当孩子厌学或说不上学时,家长不乐意了,有的家长很生气,不理孩子了。要么是直接批评,甚至有家长因脾气急躁而体罚孩子,其目的是想以自己单纯的想法立即改变孩子的想法,使之恢复到以往的常态。但是这样的沟通却是无效的不良沟通方式,即不但无效,还会引发孩子的对立情绪,直接与家长争吵对抗。因此,不良的沟通根本解决不了问题,这就需要家长们冷静处理,改变态度,妥善处理孩子厌学问题。

阅读材料

孩子最讨厌父母讲的七句话

(1)你怎么这么笨！比较极端的词,比如说"笨、戆、傻"之类。

理由:伤人自尊心的话,别以为小孩子不在意,说多了,不笨也变笨了,要不就会恨那个说话的人。

(2)不准看电视!

理由:电视不是万恶之源,关键在于看的内容、方式和时间安排。一刀切只能说明父母水平问题。

(3)考这么差,给我丢面子!

理由:没有一个学生希望自己考得糟糕,分数低了孩子已经难受了,父母还总是想着让孩子为自己的面子读书,不是很惹人讨厌吗?

(4)谁给你打电话呢?

理由:给孩子基本的隐私,不要像狗仔队一样事事过问窥探。孩子会感激你的信任,这是两代人沟通的良好前提。

(5)寒假作业快点做掉。

理由:假期就是用来放松的,如今的应试教育让这一自然规律变得不正常。寒假作业需要循序渐进才能真正吃透,不要逼孩子一口吃成个胖子。

(6)不许出去疯玩。

理由:出去不一定是疯玩,如果可以的话,家长不妨带孩子出门旅行,让孩子有机会和你一起"疯玩"。

(7)成绩怎么那么差,你看人家某某某。你这种成绩还不抓紧学习,人家某某都排前三了,还那么用功。

理由:如果孩子三天两头说"你怎么赚钱那么少的啦,你看人家某某爸爸;开宝马来接孩子",你是不是很有压力或者很郁闷?孩子和你们一样,不希望总是被拿来和别人比较,所以这种督促的方法只会让孩子觉得你不爱他(她),而爱别人的孩子,停止吧。

(材料来源:[2008-11-09].http://www.zreading.cn/archives/100.html)

第二节　教师与家长的关系

一、教师与家长的关系

教师与家长的关系像学校的历史一样久远。自学校的产生，就产生了求学者，就有了教师这一职业，也就自然地有了教师与家长的关系。教师与家长的关系，作为一种社会关系，是社会的产物，具有社会关系的一般特点，它遵循社会关系的一般原则，如相互尊重、平等互助等。但以下一代的健康成长为目的的教师与家长的关系，毕竟属于一个特殊领域的人际关系，它有着自身的特殊性。

（一）以下一代的健康成长为轴心

教师与家长，作为关系的双方，可以说，没有孩子的受教育，就没有这一层关系的存在。在孩子未接受教育之前，在孩子没有接受特定的"某一个"教师的教育之前，这种关系根本就不存在。所以，一定程度上，我们可以说，教师与家长的关系也是一种缘分。就教师而言，其从事教育工作，一切都是为了孩子的健康成长。就家长来说，其送子女上学，目的也只有一个：为了孩子的健康成长。在这一点上，教师与家长的关系，离不开孩子的健康成长，没有这一核心，关系就不存在。

（二）时代性

教师与家长，都是特定时代的人，受的是一定时代的教育，受的是一定时代的文化浸润，因此，两者的关系就一定会打上时代的烙印。以中国为例，古代与现代，两者的关系就具有不同的特点。在古代，中国一向重视教育，尤其是在先秦时期，教育一度成为建立国家的重要基础。《学记》上就说："古之王者，建国君民，教学为先。"把教育摆在突出的位置。教育的地位也直接决定了教师的地位。当时家长充其量只是教师工作的默默配合者，配合教师教育好下一代，不能或很少平等的与教师交流，向教师提建议。现在就不同了，在我们的社会，提倡人人平等。教师与家长，正在向朋友、伙伴、合作者的关系转变，时代的烙印非常深刻。

（三）民族性

教师与家长的关系，既是时代的，也是民族的。尽管世界上的任何一个民族，都有尊师重教的传统，但在教师与家长的关系上，却表现出不同的特点。西方除中世纪外，在教师与家长的关系上，平等、互动一直是主旋律，家长与教师是友好的伙伴。"子不教，父之过"一向都是古代中国人的信条，他们认为教育好子女是自己天经地义的责任，无可推卸。因此，一旦孩子不听话，或对老师不尊敬，都认为是自己的失职，向老师道歉。新时代中国的家长和教师关系是合作者的关系，但在教育孩子的过程中付出的努力和劳动是不等的。甚至有些家长干脆把教育孩子的责任都推给了教师，自己不管不问。

（四）短暂性

教师与家长的关系，从时间上来说，具有短暂性。因为学生在一个学校求学的时间毕竟有限，某一位教师教他（她）的时间可能更短。随着学生的"转益多师"，这种关系就告结束。虽说也有维持几年，乃至几十年的，但那已经不是教师与家长的关系，而是朋友或其他什么关系。因为教师与家长的关系仅以下一代的健康成长为核心，没有这个核心，这一关系自然就不存在。

二、如何建立教师与家长间良好的关系

应该说，教师与家长的关系是校园人际关系中难度较大的一种关系。因为家长的职业不同、层次不同，教育孩子的观念也不同，要让他们都能与学校"步调一致"，真的很不容易。教师最怕遇到偏执、不讲理的家长，而有些家长也对教师怀有偏见，甚至充满敌意。实践证明，教师与家长间良好的关系有利于学生在家和在校良好的生活和学习。所以处理好教师与家长的关系至关重要。

(一)有效沟通是建立教师与家长良好关系的前提

教师与学生家长之间的矛盾都是因缺乏良好沟通而引起的。只有教师和学生家长都能从为学生创造一个和谐、健康的学习氛围出发，履行各自在教育活动中的职责，才能形成教育合力，才能共同做好学生的教育工作，才能促进学校教育与家庭教育的协调发展。

1. 教师与家长坦诚相见，相互尊重是有效沟通的基础

教师与家长虽然从事的职业不同，岗位不同，家庭环境不同，社会阅历不同，思想认识也是千差万别，但都有一个共同之处——以下一代的健康成长为轴心。他们的社会地位是平等的，对孩子的教育都有着不可推卸的责任。从教师与家长的关系来看，平等看待对方是基础，相互尊重是核心，坦诚沟通是目的。作为教师，在这方面应该起到积极主动的作用。

2. 家长要积极主动加强与教师联系，使家庭教育科学化、合理化

发现学生有不良的思想和行为，应积极采用正确的教育方法，并积极主动地与校方教师联系。征求学校教师的建议，使家庭教育科学化、合理化，防止更严重问题产生。

3. 沟通过程中对不同类型家长应区别对待

家长的组成是非常复杂的，其知识结构、职业类别、修养程度等都参差不齐。任课教师应对学生家庭进行调查分析，对家长的文化水平、职业状况、年龄、教养方式、家庭关系等做到心中有数。对待不同层次的家长，也要有不同的沟通方式、不同的沟通内容。例如，为了给孩子创造好的学习环境，对于有一定文化、重视家庭教育的家长可让他们辅导孩子做作业、亲子共读；而对于工作忙、经常不在家的家长可建议他们为孩子找一个学习班或家教来辅导孩子学习。切不可一味强求家长亲自陪读，要具体情况具体对待。

4. 与家长共同探讨教育问题

对于文化水平相对较高的家长，他们中的佼佼者在教育方面的许多见解是值得教师学习的，而且家长站在旁观者的位置上也比教师更容易发现教育过程中的问题。教师应该放下"只有我懂教育"的观念，经常征求家长意见，听取他们的建议，诚心诚意地获取家长的支持与配合。

广大教师只有以真诚的心这把心灵钥匙打开沟通之门，教师与家长的关系才能融洽和谐，从而共同促进孩子的教育。

(二)双赢合作是教师与家长良好关系的根本

1. 双赢是教师与家长合作的共同目标

当前，如何开展与家长之间的良好交往，充分争取家长的信任与配合是教师必修的一课，也是提高教育质量的重要一环。教师与学生家长有一个共同的目标，就是把孩子教育好。因此，教师与家长之间没有本质上的矛盾和冲突，他们其实是同盟军，都一样对孩子的成长起教育、引导和示范作用。这种合作关系的维持关键取决于双方教育的成果。成果显著，双方配合就会更加融洽，联系就会更加紧密，否则很可能引起冲突，产生不良后果。

2. 教师的工作需要依靠家长的配合，同时应该对家长进行必要的指导

苏联教育家苏霍姆林斯基将学校和家庭比作两个"教育者"，认为两者"不仅要行动一致，要向儿童提出同样的要求，而且要志同道合，抱着一致的信念，始终从同样的原则出发，无论在教育的目的上，过程还是手段上，都不要发生分歧"。因此，一个孩子的健康、健全成长，仅靠学校或仅靠家庭都是远远不够的。教师不应该观察不到孩子在家的情况，家长也必须看到孩子在校的表现，只有两者之间存在合力，教育才会有针对性和连贯性。

每个孩子从出生到上学，以至上学期间，每天的很大一部分时间基本上是在家里度过的。学生的思想、品德、学习、兴趣、性格和健康状况都受到家庭影响，与家庭教育密不可分。因此，教师要了解、教育学生必须取得家长的积极配合。有时家长不仅可能帮助教师找到教育学生的有效方法，而且家长的作用本身就是对学生进行教育的重要途径之一。同时，作为专业的教育工作者，教师应努力使家长了解学校和班级的教育工作计划及子女在思想品德等其他各科学习上的表现，向家长介绍先进教育经验，对家长教育工作给予必要指导；同时自己也要听取家长对学校、班级工作的意见和要求，了解学生在家表现，如对长辈的态度、家务劳动、完成

作业、课外时间的支配等情况。因此,加强教师与家长间的相互联系,有利于完成共同培养和教育学生的目标。

(三)预防教师与家长不良关系的滋生与泛滥

在教师与家长的关系上,一些不良倾向已经引起了人们的严重关注。学校应该采取措施积极预防这些问题的产生,保持教师与家长关系的纯洁性。

1. 加强教师自我教育

一方面,一些教师平时对自身素质的提高与修养重视不够,在学生中,在家长中,在社会上,形象不佳,声望不高;另一方面,一些家长对教育孩子越来越重视,他们不仅选学校,还选老师,一些形象不佳、教学效果不理想的教师,就常常成为被调换的对象。出现这种情况,责任更多的是教师。所以,我们的教师,要有危机感,要不断地自我加压、自我提高,只有这样才能满足家长越来越高的教育期望,才能真正改善与家长的关系。

2. 加强教师职业道德建设

当前,部分教师职业道德观念淡漠,在处理与家长的关系时,出现了一些不良现象:①利用家长办私事。一些教师就"靠生吃生",活用纯洁的师生关系,让家长出面帮助办私事。如教师要外出办事,想借辆车用用,正好班上学生的家长有公车,便成为老师的首选。还有利用这种关系向家长借钱、向银行贷款、安排子女就业等。家长出于无奈,虽然一时笑脸相迎,过后却牢骚满腹。②向孩子索要礼品。个别教师,一到节日,总不会忘记"某某节到了,你们准备给老师送什么礼物呀?"这样一句话,学生把它带回家,家长一听,无可奈何,只好硬着头皮,乖乖送礼。③向孩子强行推销。常见的是向学生推销书籍、文具,个别的还推销食品。

在加强教师队伍建设的今天,这些问题的出现,的确会影响教师在学生、家长心中乃至社会上的形象,甚至影响教师与家长良好关系的建立。因此,我们有必要重提加强教师职业道德建设的老话题。

(四)防止家庭教育被应试教育"绑架"

北京理工大学教育研究院教授、著名教育学者杨东平批评当前的家庭教育已被应试教育"绑架",家长成了应试教育的"帮凶"。其中,"绑架""帮凶"这两个词准确地描述了一种现状:家庭教育"身不由己"地被应试教育所挟持,家长"帮助"应试教育损害孩子的身心健康,把家庭教育变成学校教育的"延续"——"监督孩子作业"的"课堂"。越来越多的家长有意识地向"虎妈""狼爸"靠拢。

为防止这种不良现象的进一步恶化,教师应该向家长介绍科学的教育方法。很多家长未学过教育学和心理学,未能自觉地运用科学的教育方法恰当地对孩子实施有效教育,结果引起了孩子的逆反心理。比如,有的家长本想以榜样激励孩子,随口就说"你看人家某某某,学习比你强","你什么时候能赶上某某"等。这些话语可能会伤害孩子的自尊心。孩子学习有了进步,有的家长本意是让孩子再接再厉,就说:"下次要争取一百分!"孩子可能会将其理解为"现在的成绩还不够好"。因此,教师应向家长介绍教育孩子的方式、方法和技巧,引导家长分析孩子的性格、能力、爱好等,科学地因材施教。要家长善于发现孩子的点滴进步,以表扬和鼓励为主;同时,指出孩子存在的问题,中肯评价,提出让孩子自我改进的建议。切不可"恨铁不成钢",只看孩子的不足,不看孩子的进步,要相信和引导孩子通过自身努力逐渐进步、克服缺点。家长对孩子的"高期待""高标准"应以给孩子"鼓励"而不是给孩子"加压"为前提,以促进孩子身心健康发展为标准。

总之,教师要真诚地帮助学生家长改变错误的教育观念、教育思想、教育态度和教育方法,而不能对家长违反学生心理特点的教育方法熟视无睹,无论家长是溺爱孩子、打骂孩子还是放任孩子或对孩子要求不一致等,都必须加以帮助,促其纠正,使家长的教育修养水平得到提高。只要学生家长真正地认识到老师对他们的孩子发自内心真诚的关爱,他们自然也会想方设法对孩子多加督促与关心,把孩子教育好。

第三节　教师对厌学孩子家庭教育的引导

作为专业的教育工作者,教师应该主动与家长交流沟通,引导家长帮助厌学孩子走出厌学的误区。

一、重塑家长对厌学孩子教育的信心

对教育的信心是成功教育的一个不可或缺的条件,尤其是对学习基础比较差、表现不够好的厌学生的家长,这一点更加显得重要。厌学生家长,听到较多的是对自己孩子在学校表现的负面的评价,对教育好自己的孩子已经失去了信心,觉得孩子一无是处,甚至无可救药,从而放弃对孩子的教育。所以,教师必须避免告状式的家校沟通,不能在家长面前一味地数落孩子的不是。如果确实因为孩子犯了差错,需要与家长联系,也应该与家长坐下来,共同分析孩子之所以会犯错误的根源,积极与家长达成共识,形成默契,互相配合,研究出最好的解决办法。对厌学生的家长,更要体谅他们的难处。孩子厌学,学习成绩差,家长的教育付出就越多;孩子显得不争气,做家长的比谁都痛苦。对于这些家长,教师更应该对家长给予安慰,并尽可能肯定孩子的优点,哪怕这优点只是一刹那的极不明显的闪光,以此来重新激发起家长对教育孩子的信心。金无足赤,人无完人,再优秀的学生都会有缺点,同样,学校里不可能存在一无是处的学生,再调皮捣蛋的孩子,他的身上也会有闪光点,关键在于教师要善于发现其闪光点,并及时对其进行必要的引导,强化其优点,逐步转化。在与家长沟通中,让他们了解孩子的优点,重塑厌学孩子家长的信心。

二、引导厌学孩子的父母真正地爱孩子

教师可采用家长会、家访和电话交流等方式,让家长明白:父母对子女的爱,应是一种无私、真诚、目光远大的爱护,不能用溺爱来代替,要让子女能吃苦、肯拼搏,鼓励他们树立学习的信心。家庭是社会的细胞,家庭有直接承担教育子女的责任,在教师的指导下,家长对厌学孩子的教育更要讲究爱的方式,要使爱恰到好处。

(一)什么是真正地爱孩子

高尔基曾经说过,爱孩子,这是连母鸡也会做的事情。可是要善于教育他们,这就是国家的一桩大事,这需要有才能和渊博的生活知识。因此,爱孩子不仅仅只是一种情感,更是一种能力,是一种改变自然规则的

能力，是一种化干戈为玉帛的能力，是一种化腐朽为神奇的能力，是一种懂得给予的能力，是一种接受孤独的能力，是一种不自私的能力。家长要想真正地爱自己的孩子，首先要懂得什么是爱，要懂得爱孩子必须怎样去做。

斯科特·派克博士在他的《少有人走的路》一书中给爱下的定义是：爱，是一种为了促进自我或他人的心智成熟而自我完善的意愿。在此基础上，美国的家庭心理治疗专家——保罗夫妇在《假如你真的爱我》一书中，将这个精辟的定义，用更加明晰、易懂的两句话展开：

（1）真爱行为是一种抚育自身和他人情感与精神成长的行为；

（2）真爱行为助长个体的责任感。

用这两把尺子，便可以比较容易地衡量家长们的各种行为、分析他们的情感、判断这些行为和情感是不是发自真爱。

用爱的第一把尺子，衡量父母打厌学孩子的行为，肯定不是真爱行为。因为打孩子，不能解决他学习不好的问题，更重要的是，通过这样的行为，孩子的情感和精神没有成长进步。如果父母真的爱孩子，应该坐下来和他一同好好查看，究竟孩子在学习的时候，遇到了什么样的具体困难，共同找出解决的办法。如果父母是文化水平不高的人，也可以设法请求别人来帮助。但是，这需要父母付出更多的时间、精力，甚至财力。

另外，父母打孩子，是在发泄自己的愤怒或是僵化思维的表现。把这些负面情绪，借着孩子的厌学问题，发泄在孩子身上，是很不公平的，对父母自身的教育水平的提高也毫无裨益。另一方面，家长打孩子还可能出于对孩子目前状况的僵化认知，即由孩子当前厌学的现状推论到将来孩子必定不好。这种僵化的认知也会激怒家长，从而对孩子大打出手。

用爱的第二把尺子衡量家长"管"孩子的行为，特别是什么都包办代替的行为，显然也不是爱的行为。"管"者，主其事。管孩子就是要主导孩子的所有事，最严重的是越俎代庖，为了让孩子有更多学习时间，而事事代办。这样势必会造成孩子因缺乏责任感而厌学。因此，它们剥夺了孩子情感和精神自我成长的机会，抑制了孩子自身的情感和精神的成长，同时也不利于孩子个体责任感的增强。因此，家长必须做出改变，使得每个家庭成员有自身发展的空间，逐步承担起自己应负的责任，以助长每个人的独立自主能力和责任感。

(二)怎样真正地爱孩子

孩子缺少了父母的爱就像植物缺少水、阳光一样失去生气,自13世纪人们在对感情需要的研究中就发现了这个道理。一个不被喜爱、触摸和抚慰的婴儿常常会死于一种奇怪的疾病,这种疾病最开始被称为"消瘦"。他们会在迎来第一个生日之前便死去。这说明生命的第一年中母亲和孩子的关系对婴儿来说至关重要。

疼爱的缺乏对孩子的影响是可以预料的,但是,过度的爱或"超级的爱"也会对孩子有危害。这一点不必赘述,大部分家长已经认同了。爱是教育的真谛,是教育孩子的起点。但是父母对孩子的真爱绝不是仅仅物质"给予"这么简单。美国总统小布什的母亲芭芭拉曾讲过,她的父母告诉她,做父母的能给孩子三件最有价值的东西:一是好的教育;二是树立好的榜样;三是所有的爱。即要真正地爱孩子,不论孩子是否厌学,要善于在疼爱和管束之间建立一种平衡。

首先,培养孩子对父母的尊重是儿童教育中的一个重要因素,是建立管束的前提基础。一个孩子必须要学会尊重他的父母——这是因为孩子与父母的关系,会影响到他日后对其他人的态度,并不是为了满足父母的自尊。他早期对父母权威的态度会变成将来对学校师生、执法官、雇主和其他最终将与之一起生活和工作的人的态度的基础。父母与孩子的关系是孩子拥有的最初、最重要的社会关系。孩子在这一关系中所经历的瑕疵和困惑,将在他以后的生活中不断出现。

其次,不要让孩子沉浸于物质享受之中。让你的孩子品尝暂时失去的感受,要比花更多的钱为孩子买喜欢的东西更有意义。

第三,不用责骂来控制孩子,不能用"规则"来发挥作用。父母必须认识到,控制孩子的最好、最成功的手段就是掌握那些对孩子来说很重要的东西。唠叨的讨论和空洞的威胁只能对孩子产生很少的作用或一点也不起作用。"现实疗法"的创始人威廉姆·格拉斯在描述"规训"和"惩罚"的不同时,清楚地区分了两者。"规训"针对的是对抗行为,孩子会毫无怨言地接受它的结果。格拉斯把"惩罚"定义为针对个人的一种反应,代表的是一个人伤害另一个人的愿望,并且它是敌意而不是感化之爱的表达,因为惩罚者经常受到孩子深深的怨恨。毫无疑问,纠正孩子的错误,但让他们感到不被喜爱、被嫌弃和没有安全感这种方式是不对的。防止这种事情发生的最好的方法就是在训诫性事件中有一个充满爱的结束。

而当今中国的家长又是怎样做的呢?

经常见到的情景是"一个家庭中,两个贫农,养了一个小地主"。让家长更加困惑的是,他们什么都替孩子做了,甚至孩子长到十七八岁时连自己的内裤、袜子都没洗过,就是为了腾出时间来学习,可是孩子就是不爱学,一点兴趣也没有。其根本原因是,家长给予孩子的物质条件太多了,饱和了他们的基本欲望,使得他们失去了做事情的原始动力。因为人的行为动力和人的欲望是平行的,这是一条最基本的行为心理学原理。如果我不渴,就不会去找水喝。渴得越厉害,喝水的欲望越强,寻找水的动力就越大,行动也就越积极。然而,今天中国的大部分孩子,在家长的悉心呵护下,不能直接体验到生存的压力,同时,应试教育又扼杀了他们天生喜爱学习的好奇心,必然会失去学习动力。用两把真爱的尺子衡量,当前中国大多数父母对孩子的做法不是真正爱的行为。因为这些家长的做法,不是从孩子的情感和精神成长的需要出发,而只是适应他们自己的感情需要。

在伴随孩子成长的旅程中,疼爱和管束已成为父母与孩子关系的基础。管束固然重要,但父母对孩子的爱更加重要。当你的孩子咕哝着说"谁爱我"时,让他投入您的怀抱,让爱和感情将他包围。尊重孩子,不要伤害他的尊严,平等地对待孩子,和他交朋友,成为他信赖的好朋友,和他一起成长。这样,你就可以开始享受到有权威的父母地位所带来的令人陶醉的收获了。愿天下的父母成为孩子最可信赖的朋友!

三、教会家长与厌学孩子有效沟通的方式

母爱之所以伟大,是因为母亲相信自己这辈子都一定要好好照顾自己的孩子。在这个照顾的过程中,随着孩子年龄的增长,爱的方式也应该进行相应的转变,比如从更多的物质和身体的照顾,逐步转变成对孩子精神的关心和了解。所以家长要逐步学会与孩子进行有效的心灵沟通,以

了解孩子真实的想法。对于家长与孩子共同面对的问题,当需要沟通时,存在两种所谓的沟通方式:一是普通人的争吵;一是专家级的沟通。争吵永远使问题得不到解决,而专家级沟通却能。当前的中国家庭教育中,我们不难见到各种各样的家庭悲剧,多是跟亲子间沟通不当有关。因此,现代的家长们必须学习怎样进行有效沟通的方法和技巧。

(一)把握沟通的根本目的——促进彼此的理解和和解

沟通是一个过程,通过它可以表达思想和情感,达到彼此了解的目的,甚至通过沟通可以达到促进矛盾和解的目的。家长与孩子沟通,当然不只是为了训斥孩子,其根本目的是通过沟通达到了解孩子并使孩子了解自己的目的,最终能够增进彼此的善意,促成亲子关系的和谐。然而很多家长在与孩子沟通过程中,往往犯了急躁病,在还没有沟通结束时,就已经开始喋喋不休的教训了。因此,希望家长牢记沟通的目的,让孩子把话讲完,听懂孩子的意思,并能够让孩子愿意听自己的想法和感受,这样才是好的有效沟通。

请大家读读下面的故事,看看你对有效沟通有何感触?

> 一个孩子的母亲问5岁的孩子:"如果妈妈和你一起去玩,我们渴了,又没带水,而你小书包里恰巧有两个苹果,你会怎么做呢?"
>
> 儿子歪着脑袋想了一会儿说:"我会把两个苹果都咬一口。"
>
> 可想而知,那位母亲有多么失望。她本想像别的父母那样训斥孩子一番,但又忍住了,于是问:"你能告诉妈妈为什么那样做吗?"
>
> 孩子眨眨眼睛,一脸童真:"因为……因为我想把最甜的一个给妈妈。"
>
> 霎时间,母亲的眼里闪动着泪花。

当任何一位家长读完这个故事后,你难道不为孩子的言行感动吗?当没有耐心的家长开始训斥孩子时,他们不仅仅丧失了一次良好沟通的机会,更为重要的是他们很可能阻断了孩子善良的成长。即便有时孩子的回答真的让我们痛心,请家长不要忘了自己的职责,首先是要通过沟通来了解孩子的思想和情感状况,怎样教育孩子是后面的事情。当前要做的事就是耐心地听孩子把话讲完,鼓励孩子把心中的话说清楚,弄清他是怎么获得这样的观点的。在一次有效的沟通中,你的主要目的应该是增进彼此间的了解和善意,而非不遗余力地证明自己观点的正确,并试图让孩子顺从你的想法。如果证明你是正确的,那你为何不能容纳他人的观点,或与你不同的观点?其实很多时候彼此的观点并没有对错之别,只是家长们的一相情愿而已。

因此,建议家长们,不要通过冷酷和不可接近来突出你的权威和尊严。在他们不知道犯错误时,你发脾气,大声地喊叫,又打又骂或者无条件地满足孩子的所有要求——不管是合理的还是不合理的,这些教育手段都不能培养出健康、负责任的孩子。

(二)把握好自身在沟通中的角色

埃里克·伯恩(Eric Berne)于1964年在《人们玩的游戏》一书中,将传统的理论加以提升创立了整套的"PAC"人格结构理论。该理论认为,个体的个性是由"父母""成人""儿童"三种比重不同的心理状态构成,取这三个词(Parent、Adult、Child)的第一个英文字母,简称为"PAC"。"PAC"理论把个人的"自我"划分为"父母""成人""儿童"三种状态,这三种状态在每个人身上都交互存在,也就是说这三者是构成人类多重天性的三部分。

"父母"状态以权威和优越感为标志,通常表现为统治、训斥、责骂等家长制作风。当一个人的人格结构中"P"成分占优势时,这种人的行为表现为凭主观印象办事、独断独行、滥用权威,这种人讲起话来总是"你应该……""你不能……""你必须……"

"成人"状态表现为注重事实根据和善于进行客观理智的分析。这种人能从过去存储的经验中,估计各种可能性,然后做出决策。当一个人的人格结构中"A"成分占优势时,这种人的行为表现为:待人接物冷静,慎思明断,尊重别人。这种人讲起话来总是:"我个人的想法是……"

"儿童"状态像婴幼儿的冲动,表现为服从和任人摆布。一会儿逗人可爱，一会儿乱发脾气。当一个人的人格结构中"C"成分占优势时，其行为表现为遇事畏缩、感情用事、喜怒无常、不加考虑。这种人讲起话来总是"我猜想……""我不知道……"

根据"PAC"分析，人与人相互作用时的心理状态有时是平行的，如"父母—父母，成人—成人，儿童—儿童"。在这种情况下，对话会无限制地继续下去。如果遇到相互交叉作用，出现"父母—成人，父母—儿童，成人—儿童"状态，人际交流就会受到影响，信息沟通就会出现中断。最理想的相互作用是"成人刺激—成人反应"。

这个理论给我们的启示就是，在与孩子沟通时，要意识到自己正在以何种角色与对方交流，对方的角色又是什么？这样有助于我们能够理智地调整情绪，达到沟通的目的。如果家长总是以家长的角色对待孩子，强迫孩子做任何事，随着孩子自我意识成长，家长会逐渐管束不住孩子，甚至发生激烈的冲突。因此，家长应该学会灵活转变自身角色，花大量的时间和精力了解孩子的思想、情感、价值观等，努力激发孩子的学习兴趣和求知欲，与孩子建立相互理解、相互信任的良好的亲子关系。

另一个值得注意的问题是，家庭教育中要保持父母教育的一致性，这一点一定要让父母双方了解。父母之间的教育分歧带来不利后果，轻则降低自身权威、损害家庭教育效果，重则破坏家庭关系、妨碍儿童健康发展。

（三）清晰地表达观点

在很多情况下，家长们对沟通采取的是"懒人"的办法，即用一些陈词滥调或含糊的词语，如"你知道我说的是什么意思"等。但模糊的表达会造成严重的恶果，如1990年1月29日，一架埃维安卡航空公司班机由于驾驶员在降落前只是说"燃料不多了"，而没有说"只剩下最低限度的燃料了"，最终导致机毁人亡的结果。当然不清楚的表达并不总会导致这样严重的结果。但是，总的来说，模糊的表达总会对个人清晰的思想和社会带来普遍的破坏性的影响。很多情况下，家长们理所当然地认为孩子了解他们的想法，但实际上他们表达的与所想的还差着十万八千里呢！随后的训练也许能帮助你提高清晰的表达能力。

阅读材料（叙述一个体验）

叙述你最近经历的一个体验，把注意力集中在清楚和准确地表达你的思想上。运用恰当的谁、什么、什么地方、什么时候、如何、为什么的问题来指导你的写作。完成了第一稿后，把你自己想象成你的读者——他们通过阅读能重温你的体验吗？

（材料来源：约翰·钱斐.决定一生的八种能力[M].杜晋丰，译.北京：九洲出版社，2004.）

在观点清楚的表达过程中，还要注意表达方式和技巧的选择。为了达到增加彼此理解和表达善意的目的，家长还应该减少"你字句"的使用，改用"我字句"的表达方式。以"你"开头的句子往往表达疏远的信息，比方说，家长伸出手来指着孩子，说他们错了，或说他们不好。这容易导致孩子进行自我防卫，甚至引发敌对反应。常见的"你字句"句型如："你……（怎么样）。"下面我们举些例子，以利于家长们参考。例如，表达对孩子消极判断或者标签的："你只为自己考虑。"表达对孩子讽刺的："你真聪明——你无所不知。"表达对孩子恐吓的："如果你不改变态度，我就离开你。"其实很多家长都明白，这样的表达方式，并不是他们内心深处的本意，他们想让孩子变好，希望孩子上进，希望孩子做出正确的选择，但孩子听不懂深藏在这些言语背后的"真情"。总之，这样的表达方式不利于沟通目标的实现。因此，家长应该学会多使用"我字句"与孩子交流。"我字句"中提到的是沟通双方的感受和倾向甚至期望，而不是责备或者批评，因此，"我字句"是有效沟通的表达方式。一般"我字句"会描述别人对我们造成的问题的行为，描述我们的感受，还要描述我们希望看到的另一种行为："当你……，我感到……，我希望（或者愿意）……""我字句"的一大好处是对事不对人。例如，你的孩子把他（她）的同学带到家里玩，把家里弄得很乱、很脏。你觉得这个孩子不好，因此，你会不会表现得态度很冷淡，甚至脸色难看呢？直接批评自己的孩子，或者等客人走后指责客人都会导致孩子不高兴。这时，作为家长，你不妨这样与孩子沟通：你看，你和同学把家里弄得很乱很脏，我要花很长时间清理。这让我觉得你的同学没有礼貌。我希望下次再带同学到家里来玩，你们能够注意保持室内卫生和整洁。这样说,孩子较容易接受。

四、引导家长培养厌学孩子良好的学习习惯

许多事实证明,凡在学习上确有成就的学生和他们良好的学习习惯是紧密相连的。一般说来,良好的学习习惯包括四方面:一是预复习习惯。即先预习后听课,先复习后做作业;二是做作业习惯。独立思考,按时完成老师布置的作业。三是认真听课,养成积极思维习惯。课堂教学是传授文化知识的主要途径,上课认真听讲、积极思维是提高学习成绩的最佳选择。四是不懂就问的习惯。不懂装懂,则永远不懂;满足于一知半解,则难以牢固地掌握知识。如有不懂的问题,应及时向老师、家长、同学请教,直至搞懂。

习惯的养成往往是由其引起的结果而得到加强或减弱的。那些产生满意结果的行为就被重复,从而成为习惯性行为;那些导致失败或不满意结果的行为则被中断。厌学孩子因为讨厌学习而导致学习失败,使学习行为中断。这个规律的合理性是在我们能够清晰认识到与满意或不满意结果相联系的是什么具体行为时,相应的行为才会被重复或中断。我们知道,学习是一个复杂的活动过程,其间发生的各种行为中到底是哪一具体行为导致了失败的结果是很难清楚判断的。因此,只要一个厌学生还没有弄清楚是什么行为导致其成绩落后,而外界还在要求他继续学习考试时,他就仍然会坚持混乱的不知所措的行为方式继续导致新的失败。而要中断错误行为,就首先要识别出错误行为,并很快用正确的行为替代,养成新的习惯。因此,教师要积极引导家长通过多种评估手段帮助厌学生查找厌学形成的根本原因。一旦查清了导致学生厌学的原因,就为下一步采取措施奠定了坚实的基础。

对旧习惯的纠正,人们往往带有不情愿情绪。科贝特认为坚韧不拔5~6次后,就基本奠定了养成新习惯的基础,再坚持一下,那种不情愿很快就会过去,重又恢复到轻松愉快中来。美国心理学之父威廉·詹姆斯提出了培养好习惯、消除坏习惯的五条准则,教师可以指导家长按照这五条准则改变厌学孩子的不良学习习惯。

第一,把自己置于鼓励好习惯、劝阻坏习惯的环境之中。

第二，不让你自己做出与你正在努力养成的新习惯相反的行为。因为每一个小错误都像是让一个正在小心绕着的线团掉下来，一次滑落散开的线要比再次绕的多得多那样。

第三，不要企图慢慢养成一个好习惯或是慢慢消除一个坏习惯。一开始就要养成积极的习惯，并彻底戒除不良习惯。

第四，重要的不是从事好习惯或避免坏习惯的意向，而是实际这么做。没有比那些毫无生气的伤感主义者和梦想家更卑鄙的人了，他们把生命浪费在颠簸的情绪和情感的海洋之中，却永远不果断地采取行动。

第五，迫使你自己以有益于你自己的方式行动，即使开始时这么做并不令人愉快也要相当大的努力。

五、引导家长做有想象力的父母

一些家长能够做到事先教育而不是事后的训斥和指责。训斥和指责只需要语言，而教育则要求创造性的想象。所以，一名合格的家长需要更多的创造性想象来帮助孩子们穿越青少年期的一个个"荒凉地带"，走向成熟的世界。

教师要通过各种交流方式引导家长成为有想象力的父母，就要求教师引导父母创造出引导厌学孩子走出误区的一些简单方法。通过这些方式来教育孩子，会比大喊大叫地指责批评孩子的家长能取得更理想的效果。例如，当你的孩子心神不宁、心情郁闷甚至哭泣不止时，你就可以说："来，孩子，你来拿张纸和一支笔，在纸上写下你喜欢做什么。我肯定你能至少会列举出 25 种。你将会看到，只要你在纸上写出这些，你就会感到十分快活。"对于一名厌学的孩子，教师更要引导家长发挥想象力创造出鼓励孩子、培养他们自信心的方法。面对厌学的孩子，如果家长认为不可避免要打孩子的屁股时，是否应该先想一下打屁股的最好方式，最好冷静下来选择一下惩罚的地点和场合。例如，加拿大有位著名的法律学家，有3 个孩子，当他的孩子能够辨别好与坏的时候，他都要穿一件在别的任何场合都不穿的厚毛衣，样子显得荒谬怪僻。不过，这比他的惩罚更能给孩子留下深刻的印象。

小　结

（1）家长面对孩子厌学问题，常见的不良心理有：焦急、不知所措；痛苦、忧愁；气愤等。对待厌学孩子的行为方式有：过多批评、强迫、急躁、不良沟通等。

（2）教师与家长的关系是以下一代的健康成长为轴心，具有时代性、民族性和短暂性等特点。教师应该处理好与家长的关系：有效沟通是建立教师与家长良好关系的前提，双赢合作是教师与家长良好关系的根本，还要预防教师与家长不良关系的滋生与泛滥，防止家庭教育被应试教育"绑架"。

（3）对学生的教育，无论什么时候都离不开家长的支持和配合。同时要加强教师对厌学孩子家庭教育的引导：首先要重塑家长对厌学孩子教育的信心；其次，引导厌学孩子的父母真正地爱孩子；第三，教会家长与厌学孩子有效沟通的方式；第四，引导家长培养厌学孩子良好的学习习惯；第五，引导家长做有想象力的父母。

思考题

1. 厌学孩子的家长有何心理反应和行为表现？

2. 教师与家长的关系有何特点？怎样建立良好的关系？

3. 教师要善于对家庭教育进行哪些方面的引导？

参考文献

[1] 埃德尔曼.思维改变生活[M]. 黄志强，殷明，译.上海：华东师范大学出版社,2008.

[2] 卡耐基.人性的弱点——影响力的本质[M]. 吴铭，译.北京：华夏出版社,1987.

[3] 立青.教师应引导家长走出教育误区[J].广西教育,2012(5).

[4] 乔治·麦考莱.超级想象力训练[M]. 徐世明，译.哈尔滨：哈尔滨出版社,2004.

[5] 斯科特·派克.少有人走的路[M]. 于海生,译.长春:吉林文史出版社,2006.

[6] 徐浩渊.我们都有心理伤痕[M].北京:中国青年出版社,2003.

[7] 约翰·钱斐.决定一生的八种能力[M].北京:九州出版社,1999.

[8] 张海丽.浅谈教师与家长的关系[J].新课程,2011(10).

[9] 张丽珊.与厌学孩子的心灵对话[M].北京:中国轻工业出版社,2008.

进一步阅读文献

《少有人走的路》

导读:《少有人走的路》由美国心理学家斯科特·派克著,于海生译,吉林文史出版社2006年出版。这本书处处透露出沟通与理解的意味,它跨越时代限制,帮助我们探索爱的本质,引导我们过上崭新、宁静而丰富的生活;它帮助我们学习爱,也学习独立;它教诲我们成为更称职的、更有理解心的父母。归根到底,它告诉我们怎样才能找到真正的自我。

第七章　预防厌学的形成

第一节　改善心理素质，预防原生性厌学

原生性厌学是最为单纯的厌学现象，是指由于学习内容本身造成的厌学。学习内容过难、不适应老师讲课方式、课业压力过大、学习任务过于繁重、成绩持续下降等因素都会让孩子备感挫折，从而灰心失望，进而产生厌学心理。预防这类厌学最好的方法就是改善学生的心理素质，提高学习的自信心、积极性和学习能力，使学习过程及结果减少挫折感。

一、培养学习兴趣，激发学习动机

（一）学习兴趣的培养

赫尔巴特把发展广泛的兴趣视为教育的主要目标之一，并认为主要是兴趣引起对物体正确的、全面的认识，它导向有意义学习，促进知识的长期保持，并为进一步学习提供动机。杜威1913年出版的专著《教育中的兴趣和努力》指出，以兴趣为基础的学习的结果与以努力为基础的学习的结果有质的不同。

1. 什么是学习兴趣

从教育心理学的角度来说，兴趣是一个人倾向于认识、研究获得某种知识的心理特征，是可以推动人们求知的一种内在力量。

学习兴趣是学生对学习对象的一种力求认识或趋近的倾向。学生对某一学科有兴趣，就会持续地专心致志地钻研它，从而提高学习效果。从对学习的促进来看，兴趣可以成为学习的原因；从学习产生新的兴趣和提

高原有兴趣来看,兴趣又是在学习活动中产生的,可以作为学习的结果。所以,学习兴趣既是学习的原因,又是学习的结果。

学生学习兴趣受两方面因素支配:因学得好而受到称赞、奖励,获得荣誉,这是外在因素;通过学习,获得某种启迪和灵感,受到教益,或学会某种技能,有了真本领,从而有了获得知识与技能的满足感,这是内在因素。

学习兴趣大体上可以分为直接学习兴趣与间接学习兴趣两种。前者是由所学材料或学习活动——学习过程本身直接引起的。后者是由学习活动的结果引起的。间接学习兴趣具有明显的自觉性、目的性。直接学习兴趣与间接学习兴趣常常是融合在一起的,即既有直接学习兴趣的成分,又有间接学习兴趣的成分,其中,或以直接学习兴趣为主,或以间接学习兴趣为主,或两者难分主次。开始是对学习的间接兴趣,在学习过程中很有可能逐渐转化为直接兴趣。而对学习的直接兴趣,若无特殊情况,大多能长期持续下去,并且愈来愈浓厚。实践表明,对学习的直接兴趣是提高学习质量最有利的因素。

2. 怎样培养孩子学习兴趣

陈鹤琴认为,所谓教育,它要求的是积极发展儿童的才能,积极提高儿童的兴趣,但也有一些人,把教育看成是消极管理,忽视了积极启发,反而限制了儿童的活动;另一方面,他们不是积极地暗示儿童、鼓励儿童,而是处处批评儿童、讥笑儿童,殊不知这种不良态度,正足以摧残儿童的成长。托尔斯泰说过:"成功的教学所需要的不是强制,而是激发学生的兴趣。"因此,预防厌学的发生,就要积极培养学生的学习兴趣。

(1)让孩子觉得学习有趣。

学习兴趣有一个发生、发展的过程,一般来说是从有趣开始,产生"兴趣",然后才向志趣发展。教师要从有趣开始,培养学生的学习兴趣。

教师在课堂上要让学生感到学习有趣,备课时设置问题要注意四点:一是问题要小而具体;二是问题要新而有趣;三是要有适当的难度;四是要富有启发性。同时还要注意培养学生的好奇心,即平时多向自己提问几个"为什么",多与同学讨论问题,感受知识的魅力。

在教学内容方面,除了要以新颖的教学内容引起学生的学习兴趣外,还要注意几种学生容易发生兴趣的事情：以前经历过，并且做成功的事；最能获得成功的事；能给他们愉快感的事；适合学生本人水平的活动；新奇的事物，特别是能引起学生本人的注意和好奇心的事物。符合这些条件的学习内容和学习活动，就能提高学生学习的积极性。

现代化的教学手段和新颖的教学方法是刺激学生产生学习兴趣的良好策略，在各科教学过程中，我们可以通过听录音、看录像、使用计算机多媒体等手段来培养学生的学习兴趣。例如，学生为什么对计算机多媒体、上网很感兴趣，就是因为这门课有新、奇、美的特点。

（2）让孩子对学习感兴趣。

研究表明，学习兴趣与学生的基础知识有关，只有那些学生想知道而又不知道的东西才能激起学习兴趣。著名教育家苏霍姆林斯基说过："学生对一眼能看到的东西是不感兴趣的，但对藏在后面的奥妙却很感兴趣。"一种想要知道奥秘的愿望变成不可遏制的愿望，会激发人去行动。因此，教师在教学过程中要注意设置"空穴"，启发学生，产生学习兴趣。例如，在历史教学中，讲述秦朝经济文化时，可以提问学生：秦始皇为什么要统一度量衡、货币和文字？然后安排学生带"疑"看书，产生兴趣。

另一方面，让学生及时了解自己的学习结果，如解题的正确率、学习成绩的好坏、应用知识的成效等，都可以强化学习动机和兴趣，激发进一步学习的愿望，这就是学习结果的反馈作用。实验表明，学生利用其学习结果的反馈比不利用结果反馈的积极性要高得多。此外，激发需要、明确目的、积极的鼓励、适当的竞赛、教师的期望等都可提高学生的学习兴趣。

（3）积极培养孩子对学习的志趣。

把学习兴趣与理想、奋斗目标结合起来，脚踏实地完成目前的任务，执著追求人生的未来。这样会使学生学习兴趣变得越来越浓，发展成为志趣，最终实现从"苦学"到"乐学"的转变。志趣是学习兴趣的归宿。它可以决定一个人的进取方向，奠定事业的基础。因此，教师新颖有趣、逻辑性强的教学内容，丰富多样、生动活泼的教学方法和格式多变的作业内容都可以不断地引起学生新的探究活动，从而激起更高水平的求知欲。

发展和培养学生的兴趣，一定要考虑到学生的能力，给予相应难度的课题，才能成功。学生可以利用某学科学习成功经验积累发展成相应的志趣。也就是说，随着知识的增加、技能的发展，兴趣也越大。例如，数学计算准确且快，语文的写作技巧和朗诵水平的提高，理化的实验操作能力的提高与实验成功率高，都有助于学生兴趣的提高，进而积累学习成功经验。某一科目的学习成功，很大程度上会影响学生将来高考志愿的填报及未来职业的选择方向。

（二）学习动机的激发

1. 什么是学习动机

学习动机是直接推动学生进行学习的一种内部动力，是激励和指引学生进行学习的一种直接原因。

动机是人行动的直接原因和动力，它有自己独特的产生条件，只需要激发，在过于逼迫的条件下反而会消失。所以，过于努力和有意识地培养自发性，等于摧毁自发性行为，断送掉动机。因此，弗莱雷在《被压迫者的教育学》中指出，教育的本质是解放而不是控制。根据我们对厌学生的了解，他们往往是被什么东西绊住了手脚，缺乏学习动力，使学习能力不能正常发挥。因此，在平时的教学中，就要注意避免给学生过多的束缚，解放其学习的积极性，发挥其应有的学习能力，是预防厌学的首要条件。

2. 怎样激发孩子的学习动机

（1）明确学习目标。

目标是对未来要达到结果的预期，是人生的理想，是一种指向未来与个人愿望相联系且符合客观规律的想象。还有人对目标这样阐释：梦想家是世界的救世主。这个看得见的世界是由看不见的东西支撑的，所以，每个人虽然经历自己的磨难、罪恶、苦役，但都会在遗世孤立的梦想和美丽的远景展望中得到补充和给养，得以慰藉。萨达特也曾讲过：目标是一个人给自己造设的牢穴。其中的意义是，你有目标，一般人享有的许多自由你便没有了。你要比别人吃更多的苦，熬更多的夜，绞更多的脑汁，还要遭遇某些习惯势力的阻挠，还有物质上和精神上的，乃至家庭生活中的种种困难和不测等。目标是一个人达到某个人生境界的通道，在这样的通道中行进必然会有些限制。

学习目标是个体学习活动想要达到的预期结果，它是构成学习动机的一个基本要素。因此，当一个学生具有明确的学习目标时，他的学习活动是充满生机的，在困难面前是能够坚持的，最后必定取得令人满意的成绩。学习目标决定我们攀登和奋斗的高度。心有多高，志向有多远，我们就能到达多高，包括获得不同凡响的地位、身份、成就等。有目标的人学习是有动力的，是带有朝气的。有目标的人意志是坚强的，会不断地克服学习中的困难为实现目标而努力奋斗，很少半途而废、轻言放弃。

想想现在的很多孩子，在家长和教师的双重高压下，没有自己主动选择的机会和能力，逐渐丧失了对很多事物的热情和好奇。问问他们将来想做什么时，要么回答不知道，要么就是什么都不想做。很明显，孩子缺乏奋斗目标和理想。这其实不能怪孩子，因为孩子的事情总是由家长安排的。孩子已经习惯了这样的安排，他自己不用考虑将来要做什么，要怎样生活，家长都可以提前考虑和安排的。在学习方面，由于没有较明确的目标，只是在被压迫下进行枯燥的题海战，因此，这些孩子在学习过程中，缺乏自发性、积极主动性，所以投入的精力、付出的努力都会大打折扣，学习结果可想而知，进一步会导致厌学的产生。

树立目标人人可以，但是目标一定要足够明确，什么样的目标才算足够明确？怎样才能获得明确的目标呢？制定目标时要依据下面的模式——SMART模式：

①目标要具体化(Special)，就是指目标要明确。要细化到非常细小的子目标。

②可衡量性(Measurable)，即可以进行测量评价的目标。

③可行性(Attainable)，即目标能够实现的特性。

④切实性(Realistic)，即目标要能够改变恶劣的现实。

⑤可追踪性(Trackable)，即目标的实现是有时限的。

以上这些条件必须同时具备，否则就不是有效的目标，其中最重要的是目标的可衡量性和可追踪性，既不能量化又没有时限的目标是无效的，很容易沦为一个幻想，而没有任何意义。目标应该是动态可调整的。目标初步制定好后，还要从目标实现的难度、涉及内容和达成时间等方面反复修正，使目标成为一个能合理引导自己行为的好目标。

有了明确的学习目标，又怎样让目标发挥应有的作用呢？明确的目标要靠语言加以详细描绘,靠想象加以刻画,然后这个目标就会对人产生深刻的影响。具体的操作方法是:说明目标和最终结果,对自己生动地描绘,然后捕捉你在理想目标实现时的体验和感觉,你就会自发地创造性地反应,这就是在利用超意识的心理力量。反之可以推断,制造庸才的最简单的办法就是让其不热衷于某一事物,这一点就足够了。对任何事物都不着迷,不感兴趣,处之淡然,随随便便,这就是庸人性格。

(2)提供成功机会,感受成就感。

让学生在学习过程中不断得到某些成功的体验,已经成为运用现代心理学研究成果激发学习动机的重要手段之一。苏霍林斯基曾指出:学习是一种要求极度紧张的劳动,它又是一种乐趣,但只有通过自身的努力克服了困难和取得了成绩时,才产生这种乐趣。奥苏泊尔认为,动机与学习之间的关系是典型的相辅相成的关系。因此,教师在向学生传授知识的同时,应让学生获得成功体验。学生一旦尝到学习的乐趣,既能使学习动机得到强化,又有助于产生自信心,增强自我效能感。这反过来又能对学习活动产生积极地促进作用。

运用这种方法的要点是控制教学的进度和难度,使学生的某些具体的学习目标不断得到实现,尤其是要尽可能创造条件,使学生有机会走出课堂,走向社会,将学到的知识运用于社会实践,在为社会服务的过程中取得巨大的成功喜悦。

(3)提高教学水平。

激发学生学习动机的关键在于提供学习诱因。对于中小学学生来说,最好的诱因是什么呢? 对于学习来讲,最好的诱因当然是提供有吸引力的学习内容和教学形式、方法。优秀教师善于通过引导性材料、问题情境等使学生原有的经验与新教学内容之间产生认知冲突,从而激发学生的好奇心和求知欲。教学水平还体现在教学形式和方法的艺术性上,作为教学内容载体的教学形式和方法的艺术性是激发学生学习动机的最有效方法。同样的教学内容,经过不同教学处理,会产生完全不同的教学效果。

这种激发学习动机的要点是,提高教师教学技巧,使教学活动尽可能生动、有趣、富有吸引力,其实质是向学生提供学习活动的正诱因,激发学生近景性内在学习动机。

（4）给予学生及时和适当的反馈。

给予学生学习结果的及时反馈,可以增强他们的学习动机。学生在了解了学习结果后,可以看到自己的进步,提高学习热情,增强努力程度,同时又能看到自己的不足,激发上进心,克服缺点,争取更好的成绩。运用反馈时应注意以下几点:

①对学生学习结果的反馈应及时,低年级学生更是如此。

②对学生的各种学习结果应给予全面反馈。

③应提供基于掌握而不是社会比较的反馈。

④应提供正面反馈为主。

⑤应随时让学生了解自己距离自己定的学习目标还有多远。

⑥对学习成绩不理想的学生,应从各个方面发现其可取之处并给予表扬和鼓励,以增强其自信心和上进心。

（5）引导孩子对学业失败进行正确归因。

学生在学习中遇到挫折,如果认识不正确,就很可能导致学习动机减弱。这种情况在学生学习初期阶段尤为突出。因此,要引导学生对挫折进行正确的归因,具体见下表。

表7-1　孩子对挫折的归因

	内部原因		外部原因	
	较稳定原因	较不稳定原因	较稳定原因	较不稳定原因
易控制原因	学习态度、兴趣、方法	努力、注意	教学质量、师生关系	教师指导、同学帮助
不易控制原因	能力、经验、习惯、体质	心境、疲劳、疾病	任务难度、学习条件	运气、偶然事件

运用这种方法的要点是,促进学生的归因朝着有利于吸取教训、总结经验、增强信心、再接再厉等方面分析。其实质是利用归因对学习动机的影响,避免挫折对学生可能导致的学习动机减弱。

另外,在激发学生学习动机方面,还可以利用强化作用,避免学生上课出现高度焦虑,调节好上课时的情绪,学会自我激励等。雅斯贝尔斯在《什么是教育》一书中说:教育是人的灵魂的教育,而非理性知识和认识的堆积。德国教育家第斯多惠说:教育的艺术不在于传授的本领,而在于激励、唤醒、鼓舞。因此,教师在教学过程中要善于激发学生学习动机,使学生学习始终保持强大的动力,最终能够取得优异的学习成绩。

二、树立学习自信

(一)什么是自信

信就是所望之事的实底,是未见之事的确据。信心就是抓住还没有成为现实的希望,使他成为现实。通俗地讲,就是相信自己的能力,相信所盼未来之事一定能够实现。自信心就是一个人对自己力量的充分合理估计,深信自己一定能够实现所追求的目标。因此,自信的重点不是相信自己强,而是相信自己会变强。

自信心是相信自己成功、成才的心理素质,是对自身能力的科学估价。自信的人才能有主见,才能做出他人未做之事。缺乏自信心,就会产生心理上的自我鄙视、自我否定、自我挫败。因此说,自信是人生的关键。每个青少年学生都应强化自信,受挫不气馁,失败不灰心,顺利不自负。李开复说过:"你可以说自己是最好的,但不能说自己是全校最好的,全北京最好的,全中国最好的,全世界最好的,所以你不必自傲。同样,你可以说自己是全班最差的,但是你能证明自己是全校最差的吗? 能证明你是全国最差的吗? 所以不要自卑。"永远不要无缘无故地把自己说得一无是处。也许你有做错事的时候,或说错话,但这并不表示你是笨拙的。也许你有缺点,如小眼睛,但也没必要感觉自己目光短浅、丑陋。同时也永远不要把自己说得完美无瑕,即便自己有很多优点,也不代表自己什么都行。说自己是最好的、最差的都无需证明,只要相信就好!

(二)怎样树立学习的自信

路易斯·宾斯托克在他的《信仰的力量》一书中说:"缺乏自信是一种习惯,它和其他习惯一样,是后天养成的,是可以通过长时间的努力而加以改变的。"因此,我们可以培养学生"在绝望中寻找希望"的观念。就像美国著名民权运动家马丁·路德·金所说的:我们从绝望的大山中砍出一块希望的石头。那么我们怎样让学生在某些领域建立起相应的自信呢？

第一，正确地看待成绩。

教师应重新认识教育的意义，教育不是应付考试，也不是某种职业的训练，教育能培养学生的公民素质和继续学习的能力，让学生掌握认识的手段，更注重多方面能力的培养。苏霍姆林斯基说过："如果孩子一连得了几个2分，他就同自己的命运妥协了，觉得无所谓了，求知欲的火花被熄灭了，第二次点燃求知欲的火花是多么难呀！""只有当儿童学会重新做练习（作业），同时产生了欢乐感和自尊心的时候，我才开始给他打分数。"所以，他提出"让学生抬起头来走路"的口号。成绩永远只代表自己的过去，并不能用来决定自己的未来。很多学生和家长都想当然地把孩子考试成绩作为预测甚至决定其将来发展的唯一参考，而忘记了考试的真正作用——检测现阶段知识掌握情况。

正确地看待成绩，就不用刻意追求分数。下面的调查研究结果也许能带给我们更多的启示。把两份名单拿给十个人看，问他们是否熟悉这些名字？

（1）傅以渐、王式丹、毕沅、林召堂、王云锦、刘子壮、陈沅、刘福姚、刘春霖。

（2）李渔、洪昇、顾炎武、金圣叹、黄宗羲、吴敬梓、蒲松龄、洪秀全、袁世凯。

第一份名单中九个人是清朝科举状元，但是十人中对九位状元都不知道的有七人；而第二份名单中都是清朝落第秀才，十人中他们多数人都知道。

第二，学会自我肯定。

一再的挫折失败，会枯竭人的信心。因此，培养自信的一个重要条件就是能够让厌学生产生一定的成就感。然而人们在自我修养的道路上，存在一个悖论，那就是：除非他看到前面的城堡（美好的结果），否则他不会走向它；可笑的是，除非他肯朝着它走，否则他不会看到城堡。其实在学习上也经常看到这样的悖论发生，一个厌学的学生认为他不可能搞好学习，所以才不努力；然而，除非他努力了，才有可能取得好成绩。要打破这个悖论的僵局，方法很简单，就是放下一切，先让厌学生努力学习起来，然后建立一定的成就感,并逐渐拓展开来,在一些成就累积的基础上,学会使用自我肯定,不断培养自信。

自我肯定是指思考与威胁领域无关的其他重要的自我价值,或从事与这些重要自我价值相关的活动来维持自己在总体上是好的,是能适应社会的。进行自我肯定的练习,让人能够开始用一些更积极的思想和概念来替代我们过去陈旧的、否定的思维模式。这是一种强有力的技巧,一种能在短时间内改变我们对生活的态度和期望的技巧。具体操作如下:

(1)要厌学生描述或思考重要的个人价值,参与可以肯定重要个人价值的活动。

(2)对价值观进行排序,要求厌学生写出为什么那种价值对他而言是重要的或举例说明它的重要性。

(3)要厌学生写出对自己重要的或使自己感到骄傲的身份、才能、关系和价值等。

通过不断地肯定自我,逐渐形成"悦纳自我"的健康心态,即接受自己的全部,无论优缺点,无论成败;无条件接受自己;喜欢自己,肯定自己的价值,有愉悦感和满足感等。

自我肯定训练也可以使用任何积极的叙述,可以默不作声地进行;也可以大声地说出来;还可以写在纸上;甚至可以歌唱或吟诵。一天只要有十分钟有效地肯定训练,就能抵消我们许多年的思想习惯。但是当我们使用积极叙述时,要注意几个问题:

(1)始终要用现在时态而不要用将来时态进行肯定。重要的是使创造之物好像存在着似的来进行创造,不要说"我将努力学习取得好成绩",而要说"我现在就在努力学习而且取得了好成绩",这不是在对自己撒谎。这是承认这样一个现实:每样东西都首先在头脑这个层次上出现,然后才能在客观现实中显现。

(2)采用最积极的方式进行肯定。即肯定你所需要的,而不是你不需要的。不要说"我再也不能睡过头而迟到了",而是说"我现在每天都能按时醒来,充满精力"。另外,积极的叙述要用肯定句,而不要用否定句。例如,不要说"为了使目的实现,我不需要变得紧张",而是说"我现在深度放松,思想集中,每样事情都完成得轻松如意"。

（3）肯定越简短越有效。一番肯定应该能够传达出强烈的情感，并清晰地陈述情感，传达得越多，给头脑的印象就越深刻。那种冗长、充满理论性的肯定丧失了情感上的冲击力，则不会产生什么效果，会变成一种"头脑把戏"而已。

（4）始终选择那些对你感到完全合适的肯定。对一个人有效地肯定，对另外一个人也许根本无效。因此，选择积极叙述用语时，要不断调整言词，直到感觉合适为止。

（5）在进行肯定时，始终要记住你在创造新的事物，你不是试图取消或改变那已经存在的事物。

（6）肯定并不意味着抵触式的努力改变你的感受或情感，接受并感受你所有的情感是重要的，包括所谓"否定性"情感。同时，肯定会帮助你创造一个对生活的新的观点，这将使你能够拥有越来越多的满意的经验。

（7）在进行自我肯定时，尽可能努力创造出一种相信感，一种真实的经验的感觉，把你的全部思想和情感投入到肯定当中去。自我肯定语句能否起作用，关键是自己是否相信这些语句，因为肯定的陈述只能帮助巩固可信的观念，不可信的观念或自己觉得不正确的语句，反复念叨几百遍不会让它们变得可信一点，也不会魔术般印刻在潜意识中，更不会变成现实。

第三，相信努力的力量。

奥维德说过：忍耐和坚持是痛苦的，但它逐渐给你带来好处。所以，当学生面对学习上的困难和挫折时，也就有了机会来用力锤炼他们的意志品质，把自己打造成能够承受磨难的无畏战士。当他们能够坚持住渡过难关、直到成功时，他们会有双重收获：一是学习上成功的喜悦，另一个就是高度的自信。有这样一个思想实验：假设把一台打字机和一只老鼠同时关在一间密封的房间里，那么老鼠就会跳到打字机上，老鼠的脚会碰到打字机的键盘。这样一来，老鼠的脚碰一下打字机键盘时，打印纸上就会打出文字来。当然，这时的文字排列是杂乱无序的，不会构成语言和文章，也许还很荒唐。但是，如果这种现象一直持续，一百亿年将会怎样呢？在这样漫长的时间里，可能会打出无穷无尽的文字，其中某一部分排列有可能偶然构成了莎士比亚的诗句。这就是说，只要花费了足够长的时间,尽了足够多努力,甚至可能发生老鼠用打字机打出莎士比亚诗句这种难以置信的事情。这就是时间和努力的巨大力量。

阅读材料

选择一条路走下去

有这么一家人,男的是教师,女的则开一家纽扣店。女的除了卖纽扣,还卖些头饰、胸花之类的小玩意儿。

一天,男的告诉女的:"昨天我在图书馆看到一本杂志,介绍的全是世界上的大公司,叫做'五百强'。我发现他们都是一根筋一条路。"女的问:"什么意思?"男的说:"打个比方,你卖纽扣就只卖纽扣,卖所有品种的纽扣,店再大都不卖别的。这里面一定有名堂。"男的自从有了这个新发现后从没有放弃琢磨。他认真查阅了世界第一强——零售业的老大沃尔玛。他发现它自始至终只做零售,钱再多都不买地不去做房地产。他又查阅了美国通用汽车公司。它是世界第二强,一百多年来也是只做汽车与配件,资产数万亿都不去做航空与轮船。他还研究了世界首富比尔·盖茨。他发现此人也是一条路走到底,钱再多都只做软件,其他行业再赚钱都不去做。男的想:是不是心无旁骛地做一件事更容易成为强者。有了这一认识之后他有些心动了。一天晚上他对妻子说:头饰、胸花之类的东西以后就不要再进了,全进纽扣,有多少品种进多少品种……就这样,一家航空母舰式的纽扣店在这座城市出现了,所有做纽扣批发和销售的人都直奔这座纽扣"航母"而来。

一辈子坚持只做一件事的人一定会成功。

（材料来源:盐城晚报,2010-12-09.）

第四,正确看待自己的缺点。

实际生活中我们难以建立普遍的自信,只能建立某一领域的自信。因为,人必定存在对自己薄弱能力的怀疑和低估,这是造成紧张和畏惧心理的重要根源,也是形成自卑的前提。正是由于不同人有不同的缺点,给每个人制造了不同的困难,使每个人做事有难度。这时这种难度,引发了人类的想象和技术创造,营造了运动之美、创造之美。面对困难,人才能显示出其体力、魄力之伟大,精神、智力之奥妙。从这个角度看,缺点的确成了大自然给予我们的恩惠,面对困难才能激发出个人的独特价值和创造力。世界上最伟大的篮球运动员并不是个子最高的那个人,个子最高,对他来讲就缺乏难度。同样,世界上最伟大的创造发明家也不是最聪明的那个人。从这个意义上说,缺点是上天赋予我们的恩惠。

其实,人远比自己想象的要能干,只是很多人没有机会体验到这个真相。鉴于此,正确看待自己的缺点,战胜畏惧,从而发挥自己的聪明才智,能够防止厌学的产生。

第五,通过团体心理辅导建立自信。

对学生采用小团体辅导方式,积极组织活动培养他们的自信心。

第一步,写优缺点。分小组(5~10人,事先推选出组长)围成圈坐好,在图7-1中填上自己的优点和缺点,并分析缺点和优点是怎样被夸大的?

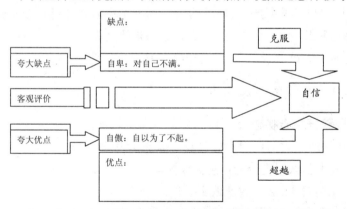

图7-1 建立自信的模式图

第二步,练习爱自己。默念三遍自己所有的缺点,然后闭上眼睛在心中再默默地想并念三遍,然后向前平举伸出双臂,让别人往下压,感受自己的力量。默念三遍自己所有的优点,然后闭上眼睛在心中再默默地想并念三遍,然后向前平举伸出双臂,让别人往下压,感受自己的力量。

第三步,缺点忽略。哪些缺点是你可以不在乎且可以忽略的,把这些可以忽略的、不在乎的缺点划掉,然后你会发现自己的优点比缺点多。

第四步,积极赋义。分小组(5~6人)围成圈坐好,对每个成员不可忽略的不好的性格特征进行积极赋义,如:多疑——积极赋义就是自我保护意识强;竞争意识不强——积极赋义就是不争强好胜;鲁莽冲动——积极赋义就是勇敢积极;畏首畏尾——积极赋义就是小心谨慎。每组一人做记录,将小组所做的所有积极赋义的例子进行团体分享,并讨论某些性格特征什么情况下具有积极作用,什么情况下具有消极作用,如何避免其消极作用。(工具:白纸,笔)

第五步,优点补充。组长发问:"某某同学还有什么优点,还有什么能力没有发挥出来?"大家发表见解,并用发自内心的语言赞美对方。

尾声。大家做出想象:"假定从现在起,未发挥的能力完全发挥,优点完全展现,5年后此人将会怎样?"

三、开发智力,提高学习能力

爱默生说过:做这件事,你就会有相应的能力。因此,增强能力的方法就是"去做",特别是需要技巧的艺术或工作更需要经过长期不懈实践才能找到奥秘。同样,开发智力、提高学习能力重要的是参与各种智力活动,并不断地尝试实践,直至最终提高学习能力。

(一)提升学生的注意力

1. 调整好身心状态

良好的注意力需要以良好的身心状态为基础。第一,养成早睡早起的习惯,使大脑获得充分的休息。作为学生,主要的学习任务要在白天完成,白天无精打采,必然效率低下。所以,早睡早起,养足精神,提高白天的学习效率。第二,通过放松训练调整身心状态。舒适地坐在椅子上或躺在床上,然后向身体的各部位传递放松的信息。先从左脚开始,使脚部肌肉绷紧,然后放松,同时暗示它放松,随后命令脚脖子、小腿、膝盖、大腿,一直到躯干部放松,之后,再从右脚到躯干。然后从左右手放松到躯干。接下来,再从躯干开始到颈部、到头部、脸部全部放松。这种放松训练的技术,需要反复练习才能较好地掌握,而一旦你掌握了这种技术,会使你在短短的几分钟内,达到轻松、平静的状态。

2. 注意力训练实践活动

（1）数字划消测验。

下面是一张数字表（见表7-2），表中的许多数字都是无规则排列的，请你按下面的要求训练自己的注意力吧！不同的练习，可以更换新的随机数字表。这个练习可以培养注意的集中、注意的转移、注意的选择性。时间限制为5分钟。如果数字表大的话，时间可以延长。

①用"＼"划去表中的"6"字。（共划去　个数字）

②用"×"划去表中位于"6"前面的那个数字。（共划去　个数字）

③先判断"6"前面的那个数字是单数，还是双数，再用"○"圈去单数。（共划去　个数字）

表7-2　划消测验表

```
88758666053384343623627742551709560418808512660755
35661428321624077410206862665659698862411315249187
26335037714611588133407210678795926084191788886336
60826747185652729508919751369525215722370633773439
95044998961376331764939706098714692710393416521297
83746476940614342741383389769469300998641964115083
27998425626340210056816684874408400831241989618805
82685323237462514510859272801780588147565493776379
18386138621098804197187707275771488111336950344037
21717131412270768165584401918708421238720303634208
18446830523184208634118878607008464205657439036541
66027721774739866423701601623267343362050003659411
51420967795430987456789677963868869490620219655109
27045626267315991149965094420492237299694931511804
13094177251410300067688436356593578247561081415185
92382625181775253163638524484002592885720310790169
16215550809403267723290155699559389270445009265700 2
09342145286472771403841563408335613356701054907468
31848790010350079424396257331588118623099682 82896
23689199977238215247802055809043804945488269322799
25407377267309951057687337576877991726419538670138
```

（2）舒尔特表训练法

舒尔特表训练法是国际通行的一种最常见和最有效的视觉定向搜索训练科目。此处舒尔特表训练目的是培养注意力集中、分配、控制能力。为了提高注意力，可以选择有不同难度和类型的舒尔特表逐级训练。如果没有现成的舒尔特表，也可以自己制作舒尔特表。在一张有25个小方格的表(见表7-3)中,将1~25的数字打乱顺序,填写在里面。然后以最快的速度从1数到25,要边读边指出,同时计时。研究表明:7~8岁儿童按顺序寻找每张图表上的数字的平均时间是40~42秒;正常成年人看一张图表的时间大约是25~30秒,有些人可以缩短到十几秒。你可以自己多制作几张这样的训练表,每天训练一遍,相信你的注意力水平一定会逐步提高。

表7-3 舒尔特表

21	12	7	1	20
6	15	17	3	18
19	4	8	25	13
24	2	22	10	5
9	14	11	23	16

训练要领:①保持腹式呼吸;②尽量减少眨眼次数;③视点自然放在表格的中间。④在所有数字全部清晰入目的前提下,按顺序(如:1~25)找出所有数字,并用笔尖依次点击数字。

注意事项:①注意整个过程中,视点应始终放在屏幕的中间,尽量不要转动眼球。用眼睛的余光来辨别要找的数字。②在用笔尖点击数字的时候,视点不要跟随笔尖移动。

(二)提升孩子的观察力

观察力并不仅仅是眼睛好耳朵灵的问题,而是在综合了视觉能力、听觉能力、触觉和嗅觉能力、方位和距离知觉能力、图形辨别能力、认识时间能力等多种能力基础之上发展起来的,是形成智力的重要因素和智力发展的基础。

1. 提升观察力的方法

提升观察力,要保护好感觉器官,并为各种感官提供丰富的刺激作为观察对象,促进各种感官的感受能力的发展,为科学观察奠定基础。

(1)明确观察的目的任务。

由于低年级学生还不善于自己主动提出观察的目的任务,因此,教师在组织学生观察时,必须向他们提出观察任务,而且要具体、明确。诸如"好好看""认真听"之类笼统的要求对发展学生的观察力收效甚微。对于中高年级学生,教师要善于启发他们独立地观察,即由教师提出总的要求,让学生自己考虑观察的具体步骤等,最后再用观察的总要求来检验观察的结果以增强学生观察的目的性。

(2)观察前做好相应的知识准备。

只有理解了的东西才能更好地感知,没有相应的知识准备,即使有了明确的观察目的,也不知如何着手去观察。尤其是一个完全陌生的事物既不会引起学生的强烈的兴趣,也不会引起稳定的注意和积极的思维。例如,教师带学生到八达岭参观长城,事前应向学生介绍有关长城的历史知识,参观过程中应进行讲解,使学生有充分的知识准备。否则,学生就会走马看花,收不到良好的观察效果。

(3)加强观察中语言的指导。

在观察活动中,教师要用语言引导学生观察的方向,使他们掌握观察的顺序。如引导学生先看整体再看部分,先看大致轮廓再看细节,先看近的再看远的,从上到下,从左到右,从整体着手,经各方面的分析,再回到整体。久而久之,学生就学会了全面完整地观察事物的顺序。

(4)观察中勤于思考。

要使感性经验丰富、全面,就要动用各种感官全面获取信息。例如观察春天,不仅要让学生去看春天,看吐新芽的柳枝,看解冻的冰河碧波荡漾,看田野的一片新景象,还要让学生去听春天、听微风、听鸟语、听流水声、听拖拉机声,嗅泥土、嗅花香……通过这样观察春天,儿童对春天就会有丰富的感性知识。在此基础上,教师还要引导学生,根据观察的目的任务,思考看不见、摸不着但能表明事物本质的东西。如根据观察到的春天的感性知识,分析季节的更替以及春天与生命活动的关系等规律性的变化,从而挖掘知识的深度,达到认识自然的目的。

(5)要重视观察成果的处理和运用。

要使观察所获的知识长期保存下来,成为有效的经验。在观察过程结束后,应做好观察成果的处理和运用。所有的观察成果处理和运用的要求应在观察前就提出,这样不仅起到巩固观察成果的作用,还有利于提高学生观察的目的性,促进学生观察的积极性。一般用直观教具演示获得的观察成果,应立即为理解教材内容服务。对于专门组织的观察活动,应要求学生做观察记录和报告,或写作文、绘画等;对于较长时间的观察活动,应要求学生通过写观察日记等措施来巩固观察成果。同时,要鼓励学生提出在观察中发现的新问题,为学生今后进一步的探索活动做准备。

2. 观察力训练实践活动

在你的房间里或屋外找一样东西,比如表、自来水笔、台灯、一张椅子或一棵花草,距离约60厘米,平视前方,自然眨眼,集中注意力注视它。默数60~90下,即1~15分钟,在默数的同时,要专心致志地仔细观察。闭上眼睛,努力在脑海中勾勒出该物体的形象,应尽可能地加以详细描述,最好用文字将其特征描述出来。然后重复细看一遍,如果有错,加以补充。

你在训练熟练后,逐渐转到更复杂的物体上,观察周围事物的特征,然后闭眼回想。重复几次,直到每个细节都看到。可以观察地平线、衣服的颜色、植物的形状、人们的姿势和动作、天空阴云的形状和颜色等。观察的要点是:不断改变目光的焦点,尽可能多地记住完整物体不同部分的特征,记得越多越好。在每一项训练之后,闭上眼睛,用心灵的眼睛全面观察,接着睁开眼睛,对照实物,校正你心灵的印象,然后再闭再睁,直到完全相同为止。还可以在某一环境中关注一种形状或颜色,试着在周围其他地方找到它。

其次建议你去观察名画。必须把自己的描述与原物加以对照,力求做到描写精微、细致。在用名画做练习时,应通过形象思维激发自己的感情,由感受产生兴致,由兴致上升到心情。这样,不仅可以改善观察力、注意力,而且可以提高记忆力和创造力。因为在你制作新的形象的过程中,你吸收使用了大量清晰的视觉信息,并且把它储藏在你的大脑中。

(三)提升孩子的记忆力

1. 为记忆做好心理准备

良好的记忆需要多方面的条件:①明确的识记目的。实践证明,在其他条件相同的情况下,有明确的记忆目的,则记忆力持久且强劲,反之则短暂而微弱。②兴趣是增强记忆力的催化剂。一个人对他所感兴趣的信息和对象,会产生高度集中的注意力与观察力,精神上更加亢奋。因此,培养对记忆兴趣,尤其是对记忆内容的兴趣才能提高记忆效果。③良好的情绪。心理学实验证明,心情舒畅、精神饱满的人,记忆效果就好,反之则差。如何保持良好的情绪状态呢? 一要树立正确的人生观、价值观。二要客观地评估自己和他人。三要有遭受挫折的心理准备。四要善于调控和转移注意力。五要积极参加公益的集体活动。④高度集中的注意力。只有专心致志、聚精会神,信息和对象才会在大脑皮层上烙下深深的印迹;反之,注意力不集中,无意注意过多,会使人记忆力下降。⑤良好的背诵习惯。许多有超常记忆力的人,都有持之以恒的强记知识的习惯。马克思喜欢背诗歌。他从少年时代起,坚持用一种自己不太熟悉的外语去背诵诗歌,日久天长,他的记忆力越来越强。列夫·托尔斯泰有惊人的记忆力,别人问他原因是什么,他解释说是由于自己每天早晨都要强记一些单词或其他内容的知识。他说:背诵是记忆力的体操。

2. 良好的记忆要遵循规律

记忆与遗忘是对立统一的。人的遗忘是有规律的,表现为最初遗忘得较快,以后逐渐慢慢地遗忘。因此,在遗忘到来之前,必须及时地复习,这能大大提高记忆的持久性。首先要有简练的复习提纲,依纲复习,纲举目张;其次要将及时复习、集中复习、分散复习相结合。复习中要注意结合过度学习的规律(学习程度在150%时记忆效果最好)。

要把在理解基础上记忆和在记忆前提下的理解相统一。记忆力的提高,不能够单纯地靠死记硬背。感性认识是理性认识的基础,没有记忆,不可能上升到理解;而理性认识比感性认识更可靠、更正确、更深刻,没有理解,记忆就像散沙一样,失去应用的价值。

使用记忆法基本原理促进记忆。熟练地记住一系列有固定顺序的东西,然后把要记的内容与这些熟练记忆的东西进行想象、联想连接。因为想象和联想强调了图像,所以把要记的内容让右脑处理了,而右脑记忆力又非常强,所以记忆法的效果非常好。记忆法的关键是想象要夸张、奇特、形象鲜明。因为大脑对夸张的东西不容易忘记,对形象的东西也容易记住。

3. 使用符合记忆规律的学习方法

快速学习法是在日本出现的一种高效的学习方法,它能使人们以高于常法五倍的速度灵活、迅速地掌握知识。该方法通过讲授和通读的及时反复,使学习者高效地掌握知识。主要学习步骤如下:

第一步:学习者自己编制目录一览表。具体做法是对照课文前端的目次,用便于记忆的文字符号将目次改写在纸上,在每个大目次之下再附上小目次,形成"网络"。目录一览表在学习中主要起索引作用。

第二步:对照目录一览表对全文进行自我讲授。这时,学习者动用自己以前所学到的知识,并大声地用口语讲授出来。

第三步:通读课文。翻开课本认真阅读并进行核对,学习者会发现第一次讲授中的许多错误和漏洞,并给予格外的重视。在这次通读过程中如果遇到不解和疑惑之处,先不必急于求知,可以在这些地方打一着重线,以示注意即可。

第四步:第二次自我讲授。学习者再放声讲授一次,在这次讲授中许多第一次讲授时错误和打着重线的地方会得到相应的解释。

第五步:第二次通读课文。这次通读的主要目的是使学习内容重点突出,条理清晰。

第六步:第三次自我讲授。这次讲授的要求有所提高,主要是语言顺畅,强调论点,条理清楚。

第七步:第三次通读课文。这次是掌握课文实质的通读,学习者须将自我"融入"到课文中去。

(四)提升孩子的思维能力

1. 明确思考与知识之间的关系

对知识与思考的基本理解是:每门课程的知识都体现了独特的思维

方式。如果用数学的方式去思考,数学也就迎刃而解;如果用生物学的方式去思考,生物学也不再成为难题。当学生清楚了知识和思考之间的关系,就会使他们学习更有动力,知识也变得更加生动起来。具体来讲,一切知识都不过是对特定事物的特定认识。因此,我们必须经由思考来理解知识,并依托知识进行思考。

第一,学校里教的所有知识都属于各个学科,对所有学科都必须进行认真思考。思考的首要任务是把握某一学科研究领域的目的和主要问题。

第二,学习任何知识,都必须学会运用这门知识的有关概念进行准确、合理的思考。因此,学习中要了解学科中基本概念,学会在思考中使用基本概念。

第三,无论学习任何知识,都要思考各部分知识之间的联系,不经过这个过程,就无法真正学到知识。

很多教师和学生不是把知识看成一种思维方式,也不是一个需要思考的整体,甚至不是一个思想体系,而是把它看成是需要死记硬背的东西。如果用这种低级方法学习知识,就不可能有智力的飞跃,形成深层次的知识结构,也就不可能持久地掌握知识。

2. 思维能力训练实践

(1)学会提问。提问是会思考的一项重要的技能。爱因斯坦说过:提出一个问题往往比解决一个问题更重要,因为解决一个问题也仅仅是一个数学上或实验上的技能而已,提出新的问题,新的可能性,从新的角度看待旧的问题,却需要有创造性想象力,而且标志着科学的真正进步。心理学的研究也表明,发现问题是思维活动中最重要的环节,没有问题的思维是肤浅的、被动的。只有当个体感受到需要问个"为什么""是什么""怎么样"时,思维才真正启动,否则思维就难以展开和深入。而我国基础教育的现实情况却是,学生课堂上听讲,课下希望通过背诵考出好成绩了事,这样就会使学生掉进背诵、不理解的陷阱。因此教师必须教学生学会提问,以促进思维。

首先要培养学生提问的意识。巴尔扎克说过:打开一切科学的钥匙都毫无疑问的是问号。学习过程中,如果你给自己提出必须要讨论问题的要求,你就会花更多时间去思考你所学的知识,就能更深刻地理解所学知识。有提问的意识,就会提出更多的问题。而提出问题来自于怀疑精神,因此,具有怀疑一切的精神是提出问题的基础。但要注意怀疑精神也要掌握分寸:如果一个人对任何事物完全不怀疑,那就是傻子;怀疑而不求证就是精神病人;怀疑而求证之后,该怀疑的继续怀疑,不该怀疑的马上放弃怀疑,就是优秀的思考者。学会质疑,才能发现问题,制度、规则、传统才能被完善和发展。同样对于学习,只有通过质疑发现问题,才能解决问题,最终达到理解知识、发展智力的目的。

其次,让学生了解问题的种类及作用。提问可以划分为开放式提问、封闭式提问、反作用式提问三种类型。开放式提问又可以分为下面几种小类:① 简单的询问。这种问题主要用来鼓励思考,发现解决问题的方法。采用的主要是"为什么""为什么不"的句型,对探究事实非常有效。但要谨慎使用,以免成为"质询"。② 比较性问题。此类问题用来研究细节差异,利用对比规律提出问题。可以从时间、新旧等方面加以比较,以寻找异同为目的。③ 假设性问题。这种提问用来检测对方的知识和想法。提问的形式是假设句式,例如:如果……你会怎样? 如果你处在我的位置上,你会怎样做? ④ 扩展性和精确性问题。这类提问主要用于引出挑战,弄清产生分歧的原因。例如:你是什么意思? 您能详细解释一下吗? ⑤ 发现观点的问题。此类提问主要用于检测对方的知识、想法和态度。封闭式提问包括用来获取特定事实信息的是非问题和实事求是的问题(指以谁、哪里、何时、多少开头的句子)。有时封闭性问题获得的信息不充分,则在后面加上个"为什么",以使信息更全面。任何偏离或破坏提问目的的问题,就是反作用式提问。即任何暗示了答案,引起迷惑,误导回答者,防止谈话进行,削弱对方勇气的问题都是反作用式提问,任何时候都该避免的。

广大学生平时的生活要面对丰富的书本信息,对此类信息学生必须学会进行甄别,应用批判性思维,提出并回答自己的提问,有利于促进学生心智的成熟和良好思维习惯的培养。下面列举10种对学生所读文章的提问方式:

①我认为作者的写作的原因是什么?

②作者想要回答的问题是什么？

③是否能找出作者的写作意图？

④文章中给出了什么信息？

⑤为什么我会相信这些信息是真实的？

⑥文章中明确提出或暗示了哪些假设？

⑦作者想让我接受那些原理、普遍真理或结论？

⑧是不是所有推论都合理，且具备正当理由或有效实例支持？

⑨如果我接受这些结论，那么意味着我，或其他人，应该采取什么行动？

⑩如果采取这些行动，会对别人造成什么影响？

（2）用哈德克训练法则指导深入思考的技巧。哈德克强调意志力对人成功的作用，他认为意志力是心智活动的统帅，所提出的深入思维的技巧强调意志力在思维中的作用。因此，他的方法有点像在思维活动中训练意志力。

练习方法：选一条简单或深刻的道理。把注意力集中在这条道理上，排除其他思绪的干扰。比如"人是不朽的"只考虑人的不朽性，从一切可以想到的角度考虑人的不朽性：人有身体，身体是什么？ 身体是不朽的吗？ 人的身体是不朽的吗？ 如果不是，为什么不是？ 如果是，为什么是？从哪种意义上看是这样的？ 人有大脑，人有道德意识，人有……依此类推考虑下去。

现在考虑不朽性。什么是不朽？ 以任何可能的方式考虑不朽性与人的关系。不朽性与人有什么关系？ 不朽性与人有没有什么与人相关的状态，这些状态是真实存在的吗？ 人的不朽的想法是从何而来的？ 这种想法对他的生活有何影响等。

上面只是一个例子。这样的练习应该每天坚持，每天考虑一个不一样的句子或概念，无限地坚持下去，六个月后你会注意到显著的进步，而且越来越喜欢做这样的练习。

（3）学会投入性思考。韩国学者黄农文在《思考力》一书中强调，现在不是"WORK HARD"的时代，而是"THINK HARD"的时代，并把此书献给对未来怀有不安和抑郁心态的现代人。他以登山为例说明慢慢思考的优势：假设登上某座山顶需要三小时，那么要在两个小时内登上去，就会感觉吃力;要在一个小时内登上去,就超越困难变成痛苦;要在三十分钟内登上去,简直就像炼狱般苦不堪言了。但是若用四五个小时边散心边登山,就变成有趣的活动。投入性思考也是如此:在充裕的时间里渐渐进入,可以将伴随而来的痛苦降到最小。以慢慢地思考进入投入状态,犹如进行心灵的散步,没有心理负担,成了习惯,反而成为愉悦的享受。

他还认为,思考1分钟的人,能解决1分钟的问题;思考60分钟的人,能够解决高于前者60倍难度的问题;思考10小时的人,就能解决高于前者600倍难度的问题;连续10天每天思考10小时的人,则能解决高于前者6 000倍难度的问题;思考100天的,则能解决高于前者60 000倍难度的问题。而当前厌学形成的一个重要原因是他们不会思考,或者思想观念存在很大问题。对此,我们可以训练厌学生进行投入性思考。

第一阶段,练习思考:思考20分钟。每天5次,每次思考20分钟,坚持练习两周以上。这一阶段主要是对自己的能力产生信心,在投入性思考准备阶段养成思考的习惯。这时选择的问题,最好是数学或物理问题,其难度是那些乍看完全找不到解题方法,但经过10~20分钟思考后就能解决的问题。当然最好由了解你的老师或家长出题。经过一段时间的思考练习,你就会对自己的思考力产生极大信心,并且只要选择适合自己水平的适当问题进行练习,就会增强思考力。

第二阶段,慢慢思考:思考2小时。每天1次用两个小时思考问题,练习两周。这个阶段训练的意义是摸索轻松地长时间思考的方法,主要目标是达到思考毫不费力,可以整天都思考的状态。要进行慢慢地思考,首先要做的是静静地冥想。进行慢慢思考的时间可以是晚上临睡前、早上刚醒来、餐后在公园散步等。

第三阶段,维持最佳状态:思考1整天。方法是每天做1小时喜欢的运动,不要超过一小时。利用解不开的问题每天思考2小时,周日思考1整天。这个阶段的作用在于连续几天都保持思考问题的最佳状态,目标是认清有规律的运动的必要性并养成习惯,以便最大限度发挥自己的能力。

第四阶段,头脑活动的最大化:思考7天。面对难题思考7天的练习。其作用是体验高度投入状态,目标是实现一天到晚只思考一个问题,在思考问题中入睡,伴随问题醒来。

第五阶段,价值观的变化。一个月以上持续体验投入性思考,通过投入性思考感受价值观的变化,领悟最佳人生。

掌握了第一阶段的思考练习,解决问题的能力会突飞猛进;掌握了第二阶段的慢慢思考,你会从压力中解脱出来,自觉而愉快地学习和工作;掌握了第三阶段保持最佳状态,你会充满自信地朝着既定目标努力;然后你就完成了进入投入状态前的准备,再继续体验的话,你就会达到投入状态的第五阶段,获得人生的真谛。

当然,对于中小学生来讲,能够掌握每天进行几次20分钟真正意义上的思考,到周末复习时,能进行两小时思考练习,也就足够了。

第二节　提升意志品质,预防干扰性厌学

干扰性厌学是指由于外在干扰性因素导致的厌学。虽然都是学习以外的因素导致的厌学,但是这种厌学与迁移性厌学不同,它并不带来压力传递,事实上孩子们在逃避压力。各种娱乐手段为孩子们提供了"避风港",成为谋杀孩子时间和精力的杀手,致使他们无法把时间和精力集中在学习上,最终导致学习落后而厌学。因此,预防这类厌学产生最好的方法,就是提升学生意志品质,增强其抗干扰的能力。

一、磨炼坚强的意志

(一)什么是意志

意志是人类精神领域一个不可分割的组成部分,在我们每个人的生活之中,意志都发挥着异常重要的作用。马克思说过,生活就像海洋,只有意志坚强的人,才能到达彼岸。美国心理学家推孟对超常儿童的追踪研究发现,成就最大者与成就最小者相比,其差距不在于智商的高低,而在于意志品质的悬殊。

意志是人自觉地确定目的,并根据目的调节支配自身的行动,克服困难,实现预定目标的心理过程。它是人的意识能动性的集中表现,是人类

特有的心理现象。它在人主动地改造世界的行动中表现出来,对行为(包括外部动作和内部心理状态)有发动、坚持和制止、改变等方面的控制调节作用。

一个人在遇到困难时,转身而逃,只会使困难加倍。相反,如果毫不退缩,困难就会减半。在学习中,有些同学遇到难题根本不去思考,有的稍加思考不得其解便放弃了;而另一类同学则不管遇到什么困难、什么难题,都想方设法去解决。于是,后者成了优秀生,前者永远是差生。学习中肯定会遇到无数的困难,能不能避免误入厌学歧途,关键看学生有没有顽强的意志力,能不能坚持。

(二)坚强意志的磨炼

磨炼意志就是对需要长期意志努力活动的坚持和对干扰的排除。

1. 树立"成就取得都要付出代价"的价值观

是谁会跟随你一生,是谁会跟你形影不离?这个问题的答案是"自己"。所以一个人一定要学会独立自主地面对生活和学习中的各种问题。只有自己不断解决问题,才可能锻炼自己的独立生活能力。比尔·盖茨在给青少年的十一条准则中,其中一条是"事事要自己动手",也在鼓励青少年形成独立自主生活、做事的能力。

而自立能力的培养有其思想基础,即所获得的任何成就都是要付出代价的。也就是说,一个人要相信,生活中每一件值得获取的事——轻松的心情、爱情、精神上的成就、友谊、满足和愉快——都要付出代价,或者说任何能使生存更有价值、生活更有意义的事情都需要付出努力、时间、心血和行动。如果一个人不这样认为的话,比如一个学生认为学习不用努力,只靠自己的聪明就能做好的话,很快他就会遇到更多的挫折。所以,做一件事要想成功,就必然遵从下面的程序:目标——付出努力和代价——获取目标。

学习是每个学生自己的事,要自己管理,自己主动掌控。那么在学习过程中,学生们应该为学习付出什么样的代价才能获得好的成绩呢?有人曾经论述了90%的玄机。假设某个学生在学习过程中付出努力时,几个细小的环节都仅仅达到90%,那么只要有5个这样的细小环节,就会导致其不及格了。因此,无论学什么都要尽可能地多付出努力、辛苦,换来的一定是"高报酬"。倘若每处都不在乎、不努力的话,必定会以失败告终。

2. 正确面对学习中的各种挫折

挫折是由于需要没有得到满足,遇到不易解决的纷争时产生的心态。学习过程中,学生不断进行着各种智力活动,因此,很多挫折来自于这些智力活动。学习的各个环节中都有大量挫折产生的机会。一是听不懂课。如果一堂课学生有三分之一的部分听不懂,那么这堂课的时间就等于浪费了,而且还会产生挫折感。如果连续四节课都无法理解老师说的话,便很可能放弃这个学科上的努力,产生偏科厌学。最可怕的是学生全面厌学的产生,无论哪一学科都不理睬。二是考试失败。一个学生无论多么努力听课、做笔记、做题,如果最终考试失利,拿不到理想的分数,得到的不是鼓励,倒是批评和打击,那一定会在学生内心深处产生较大的挫折感。那么,教师怎样引导学生面对学习中的挫折呢?

首先,要具有面对挫折的正确态度。

面对学习挫折,我们不能指望着孩子们都能像创建肯德基的桑德斯上校那样被上千次拒绝后还能从容自若,也不能奢望孩子们会像爱迪生在上万次受挫面前轻描淡写地说上一句:我只是发现了一万种不适合做灯丝的材料。学生们大部分只是像我们一样的普通人,他们需要胜利作为鼓励,不需要失败的惩罚。因此,他们需要学会面对挫折的正确态度。

面对挫折的正确态度来自于人们对世界的正确看法。道格拉斯·霍夫施塔特总结出"霍夫施塔特法则",即"任何事花费的时间总比你想象的更长,即使在你思考霍夫施塔特法则时也是如此"。 这种态度让学生能够在遇到挫折失败后增强忍耐力,还要让学生们懂得并相信,困难和挫折就像各种各样的筛子,可以筛出勇敢、智慧、创造性等,最终完成多种选择,把人划分成三六九等不同层次。那些亲历困难克服挫折,并最终自己克服困难的人必定被社会承认,成为英雄式人物。

人生中总会面临许多机会和挑战,取舍抉择的主动权在你自己手中,此时你可以采用我们前面介绍的取舍原则反复问自己:"我可以不这样做吗?"根据回答的结果做出相应的行动。如遇到了难题,要自己克服困难,还是放弃努力直接求助于家长和老师呢？这时可以自问："自己努力克服困难，我可以不这样吗？"当然从自身长远发展的角度看，大部分同学都明白，自己努力做题，是对的。所以回答应该是，我必须自己努力试试看，实在不行再问家长或老师。如何做出正确的抉择与取舍呢？可能会使很多学生感到为难。下面的这则寓言能给我们以启示。

> 一个年轻人向一位年长的智者请教智慧的秘诀。
>
> 年轻人问："智慧从哪里来？"
>
> 智者说："正确的抉择。"
>
> 年轻人又问："正确的抉择从哪里来？"
>
> 智者说："经验。"
>
> 年轻人又追问："经验从哪里来？"
>
> 智者说："错误的选择。"

从故事中，我们可以领悟到，人最初很难做出正确的抉择，是在一次次错误的抉择中，不断吸取经验教训，才逐渐学会做正确的抉择。因此，告诫学生，不要畏惧失败，每一次失败都是经验积累的过程。不论你是谁，做什么，永远不可能一直完美。但我们可坚持不懈地尽最大努力去做，努力去实现一个目标，就算得不到一个完美的结果，也比不努力强得多。

其次，正确地对待学习中的困难和挫折。

现在的很多孩子由于家长的过分照顾，成了温室里的花，经不起风吹雨打，更难适应艰难险阻的磨炼。所以遇到困难时，很少想到自己去尝试克服困难，而是直接想借助外部（父母或老师）协助，来达到目的。面对挫折，不同孩子有不同表现，年幼的孩子通常以哭闹或发脾气的方式表现出来。学龄期孩子会表现出沮丧、失落、忧郁等不良情绪。父母教师应当帮助孩子摆脱这种不良情绪。如鼓励孩子，挫折是对孩子的磨炼，将来必成大器；引导孩子乐观面对挫折；或与孩子共同面对挫折与困难，给予一定的支持和帮助等。

下面的心像图有助于学生学会乐观面对挫折和困难。

阅读材料(心像图)

艾森豪威尔前往西点军校前,他的母亲告诉他一句话:"发牌的是上帝,不管怎样的牌你都得拿着,你能做的就是始终以乐观的心态,尽你的全力打好你手中的牌,求得最好的结果。人生同样如此。"

二、用坚强的意志抵御外界环境中的诱惑和干扰

柏拉图指出,心灵像一架马车,由三部分构成:驭者与两匹马。驭者是理智,一匹不驯的劣马,是情欲,靠鞭打才能勉强驯服,它朝着肉欲的宴席疾驰,沉湎于享乐之中;另一匹是听话的好马,是意志冲动,好马是有正确见解的朋友,因此抗拒诱惑的有力武器就是同时运用理智与意志。

人还像一个陀螺,每时每刻都围绕一个轴心在转,这个轴心就是每个人所扮演的一个社会角色,不同社会角色遵循着不同的社会价值观。因此,每个人在日常生活中是否形成正确的价值观,直接影响到它旋转的质量和方向。学生作为一个学习者的角色,其生活要围绕学习转,他的自我也要围绕学习成就需要这个核心调节。但实际生活中,由于外界因素的诱惑与干扰,导致部分学生会产生价值观的异化,其生活不再围绕学习轴心,而是以另一些轴心在转,比如网络与游戏,或恋爱关系等。此时,个人就要善于运用理智和意志重新恢复学习的轴心,过上正常的生活。

(一)抵御网络、游戏的诱惑

1. 网络、游戏成瘾及其危害

随着社会发展,网络技术也发展迅速,青少年学生成为"网民"的重要组成部分。网络在促进青少年快速成长发展的同时,也给他们带来许多不良影响,其中"网瘾""沉迷游戏"是很多家长和教师都非常头疼的问题。英国的一份科学报告称:"网瘾就如传染病一样,通过四通八达的网络,感染全球各地的无数网友。过分迷恋上网有损身心健康,严重的会导致心理变态,其危害程度不亚于酗酒或吸毒。"

你有网瘾吗?《中国青少年网瘾报告》提出了我国网瘾评定的标准,前

提条件一个,即上网给学习、工作或交往带来不良影响。补充条件有三个,即总是想着去上网,不能上网感到烦躁、情绪低落,觉得网上比现实中更快乐。

网瘾和电脑游戏对青少年的影响是多方面的:

一是危害身体健康。电脑显示器有辐射,长期使用会伤害人的眼睛,使人感到眼睛发痒,甚至造成青光眼等眼疾。长期击打键盘会对手指和上肢不利,还会导致腰、颈、肩、肘、腕部位的肌肉和骨骼系统疾患。电脑散发的气体会危害呼吸系统。电脑低能量的X射线和低频电磁辐射,会引起人们神经系统失调,造成短暂失忆、头晕,严重的会导致休克甚至死亡。

二是危害心理健康和学业。长时间无节制的打游戏、聊天、浏览网页,容易使人沉迷于虚幻的世界中,与现实世界脱钩,导致各种心理异常、心理障碍、人格障碍等。严重的出现网络综合征,表现为:情绪低落、兴趣丧失、睡眠障碍、生物钟紊乱、食欲下降和体重减轻、精力不足、思维迟缓、不愿意参加社会活动、很少关心他人等。由于沉迷于网络和游戏,他们往往学习成绩大幅度下滑,导致逃学等不良行为的发生。

三是危害社会治安。青少年上网成瘾往往会遭到家长的反对、老师的批评等。于是他们会把上网地点转移到网吧中。然后用身上的零用钱维持着上网,以致后来发展到说谎、向父母骗钱上网,再发展到向低年级学生勒索钱物等,最终可能发展到偷窃、诈骗等犯罪。另外还有因网恋造成的伤害事件等。这些都严重危害了社会治安。

阅读材料

欲望牢笼

14世纪,有位叫雷纳德三世的国王。他的弟弟爱德华发动政变,夺取了王位。爱德华把雷纳德关在一个房间里,并且许诺,只要他能够走出这个房间,就给他自由。这个房间开了一扇边门,并没有人把守。对于一个正常的人来说,出入这扇门并不是问题。但对于雷纳德来说,却比登天还难——因为雷纳德患了肥胖症,体型庞大,他的身体无法通过这扇正常大小的门。雷纳德要走出这扇门获得自由,只有一个办法:节食减肥。但是爱德华知道雷纳德的弱点,每天都送最好吃的食物给他吃。雷纳德禁不住诱惑,来者不拒,他的体重不减反增,体型变得越来越庞大。这样雷纳德在这个敞开门的房间里一直关了10年,直至最后病死。这个故事告诉我们,很多时候关押人的囚笼不是有形的墙壁,而是来自内心的无形的欲望。这些强烈的欲望就如同一个个结实的囚笼,把人们牢牢局限在某个地方或水平,使人难以进步。

（材料来源:[2013-08-17].http://wuxizazhi.cnki.net/magazine/Article/JXGC200606070.html）

2. 怎样安全上网,克服网络和游戏的诱惑

面对网络、电脑游戏的强诱惑,怎样安全上网呢?

一是树立健康的上网目的。上网是为了拓宽视野,增加知识,或是为了交流,或是为了获取最新的教育资源等。

二是上网要有良好的习惯。首先,上网要控制时间,一小时后就要休息十分钟左右。其次,上网要保持正确的操作姿势。包括身体的位置和姿势,以及眼睛离屏幕的距离应在四五十厘米。第三,上网环境要光线适宜、通风干爽。第四,上网后要洗脸、洗手。第五,上网要注意保护自己的隐私。

三是要拒绝网络诱惑。网络是把双刃剑。人们上网可以查找资料等,也可以娱乐,打游戏,看电影等。青少年上网主要用来学习。因此,青少年上网要拒绝游戏的诱惑,拒绝"网恋",拒绝非法、色情、暴力网站。

一旦发现自己产生网瘾倾向,可以采用下面的方法进行简单处理。

艾伦·科恩提出的取舍原则很有用。面对诱惑,我们难以取舍抉择时,可以扪心自问:"你可以不上网、不打游戏吗?"如果回答是肯定的,我们就可以心安理得,做其他事情;而当回答是不能不上网、打游戏时,就必须意识到你应该发挥你的意志力,克服网络、游戏的诱惑,行动起来处理你所遇到的困境。

下面的故事也可以给我们一定的启示,用来帮助学生抗拒网络和游戏的干扰。

阅读材料(心像图)

　　智者要求其学生想办法清除空地上的杂草。学生一个个议论纷纷,有的说用锄头锄,有的讲用火烧,还有说采用深挖的……一年后,几个学生很苦恼地来见老师,希望得到老师的指导。然而老师已经去世,只留下了一个字条:你们的办法是不能将杂草除尽的,因为杂草的生命力很强。除掉杂草的最好的办法是在地上种上庄稼。有没有想过,你们的心灵也是一片田野。

这个故事的最后提到的我们的心灵也是一片田野,它会因为世界的五光十色、五花八门而产生数不清的欲望。有些欲望是杂草,他们来自于原始的生物本能,不用浇水施肥也能疯长,稍不留心就可能导致心灵的荒芜,如果我们只是一门心思的想除掉杂草只能事倍功半。有些欲望是庄稼,要栽种,要精心呵护,庄稼越多,杂草生存的空间也就越少。因此,当一个学生的积极的上进心被激发,努力奋斗的精神被鼓舞时,他就会放弃厌学的行为和情感,开始正常的学习生活。

对于网络成瘾的学生要通过心理治疗方法进行干预,如认知重建、行为治疗等,帮助他们戒除网瘾。

(二)正确对待爱情的诱惑

当个体发展进入青春期以后,由于性生理的逐渐成熟,性心理也在发生着巨大变化,男女青少年在交往过程中彼此依恋、互有好感。学校集体中,要求和其他同学进行交往,因为"独学而无友,则孤陋而寡闻。"在与同学进行交流切磋中,尤其要把握好与异性同学的关系。通常一个人的异性朋友不会很多,但其价值却是不可忽视的。有研究表明,向异性朋友倾诉,可以更有效地舒缓精神压力。这种交往中有着强烈的感情色彩,但多半是对友谊的需求、对异性的好奇以及对同伴的渴望。可是,仍然有很多学生会把这种关系误认为是爱情,容易发生"早恋"。

早恋并不是罪恶,只要正确对待就不会对学习产生不良影响。

早恋的根本特征是青少年男女心理的不成熟,这是双方容易陷入情网之中,忽视甚至放弃或忘记自己的本业——学习的原因。

初恋是美好的。将美好的初恋持续下去的唯一方法就是:将爱情限制在友情范围之内,彼此鼓励,好好学习,直至"功成名就"之时,再倾诉衷肠。

第三节 建立和谐人际关系,预防迁移性厌学

厌学孩子中很多都存在人际关系问题。尤其是迁移性厌学形成,往往是由不良的师生关系或不良家庭关系造成的。一名学生由于某种原因遭到老师、好友、家长等的拒绝或抛弃时,他自己强加给自己的痛苦就加深了一次。他就会避免和别人保持紧密关系,关闭心灵的窗户,免遭别人的再次侵犯。这时,他的认知之窗也随之关闭,学习自然会逐渐落后,进而演化成厌学。因此,要预防厌学形成,教师要教会学生掌握有效沟通方式,建立良好的人际关系。

一、人际关系的含义及作用

(一)人际关系的含义

社会学将人际关系定义为人们在生产或生活活动过程中所建立的一种社会关系。心理学将人际关系定义为人与人在交往中建立的直接的心理上的联系。它反映了个人寻求满足其社会需求的心理状态。

人际关系指在某一段时间里由于与某人经常保持社会接触,形成的人与人之间因互相认知而产生吸引或排斥、合作或竞争、领导或服从等关系。广义的说法也包含文化制度模式与社会关系。你的人际关系怎样,先让我们做个简单的小测验,来测测你是否孤独?

找一个非常了解你的人与你一起做。让此人写出描述你的三个形容词,同时你自己写出描述你自己的三个形容词。然后,对比此人的描述与你对自己的描述是否相同,差别越大表明你越孤独。

(二)人际关系的作用

1. 人际关系对孩子学习具有重要影响

师生关系是学校中教师与学生之间以情感、认识和行为交往等为主

要表现形式的心理关系。研究发现,一般情况下,迁移性厌学生对教师存在抵触情绪,师生关系淡漠、疏远,他们很少受到教师的关注。同伴关系也是学校人际关系的重要方面,他对学生厌学的产生也有直接的影响。研究表明,当学生被同学排斥时,他们往往因为处理不好同学关系而陷入孤立境地。由于不良人际关系的干扰,会进一步导致学生成绩下降。为了躲避这种不良的人际关系,他们甚至想离开同学,离开学校。

2. 人际关系是人生发展的重要任务之一

阿尔伯特·爱因斯坦曾说过:用专业知识教育人是不够的,通过专业教育他可以成为一种有用的机器,但是不能成为和谐的人。每个人都是一朵三色花。一个人的存在包括三种形式:一是生理方面,如我们中国人是黄种人,有黄色花瓣;二是心理方面,如心脏中流动着红色的血液,构成红色花瓣(其实应该是大脑与心理相关,用灰色花瓣为好);第三是社会性方面,如在浩瀚的人海中,每个人都在寻找着他的一个阶层、位置,都在发挥着相应的社会作用,是蓝色海洋中的一滴水,用蓝色花瓣象征。因此,教育的目标应该重视德智体三个方面,不能有所偏颇。人的存在的每一部分,都要正常发挥其功能,这个人才是真正健康的人。不然,任何一个方面功能不正常,人就表现出一定缺陷。所以教育要做到:野蛮其体魄,强化其智力,扩展其社交,这是每个正常的人应该做的三件事。用此标准衡量当前的教育,我们就会发现一切的应试教育存在严重的局限就是片面强调学习好,即过度的智育教育降低了德育和体育的地位和作用,使孩子的发展也不够和谐。

二、教孩子建立和谐的人际关系

(一)掌握有效沟通的方式

1. 理解分离现实原则——有效沟通的前提

分离现实原则是指不同人对同一情境会有不同理解。正是由于分离现实现象的存在,人们会从不同角度思考同样的情境和问题,所以自然会产生人与人之间观点的矛盾和冲突。这是我们进行任何沟通的前提基础,因为任何两个人的生活经验和知识不会完全相同。当学生理解了分离现实原则对他们生活的重要影响,他们就会乐于去了解、解决由于分离现实而导致的人际冲突。因此,只要当我们与别人不一致时,就需要沟通。

阅读材料(心像图)

　　我们都知道狼是肉食动物。可是有一只小狼很特别,他只吃蔬菜,大狼很是为小狼的前途担忧。有一天大狼看到小狼抓住了小白兔,内心很是欣喜,跑过去却听到小狼在说:“快把胡萝卜交出来。”如果一个孩子与家长出现类似问题怎么办? 那就要沟通。

我们可以教学生通过填写并讨论“引起人际冲突的思维循环圈”(见图7-2),使之深刻理解人际冲突产生的根源,从而学会避免人际冲突的发生。

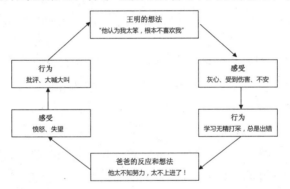

图7-2　王明与爸爸发生人际冲突时的思维循环圈

2. 双赢原则——有效沟通的目的

沟通的目的不是为了说服,让别人接受你的观点、看法。别人也希望你被说服,但事实上大家各执一词。因此,双方利益均沾,达到和解和表达彼此的善意,这是沟通的最终目的。如果我们的沟通取得了效果,别人就会理解我们的想法和感受,不会因为我们所说的话而感到胁迫。尽管别人不一定按照我们的想法去做,通过有效沟通,我们仍然很有可能满足自己的要求。沟通的品质决定一个人生命的品质。例如,图书馆中许多人在同一间阅览室学习,有些好烟者开始吸烟。另一些人不吸烟,于是打开窗户,大家又觉得冷。如果采用对抗思维解决问题的话,吸烟者与不吸烟者就会吵起来,甚至动手打起来。有效沟通的结果可以是吸烟者到外面吸烟,然后回来再接着看书。既然沟通中存在利益分割问题,那么双方就要互相让步,最终达成互利互惠的双赢的结局。

3. 认清不良的沟通习惯,培养良好的沟通方式

(1)认清不良的沟通习惯。日常生活中,人们之间的沟通存在着很多弊病,表现为以下几种不良沟通方式。

第一,逃避沟通。避免沟通使问题永远得不得解决,还会产生焦虑、憎恶和内疚感。在必要的时候要果敢一些,才能进行良好的沟通。这就是说我们要敢于说出自己的想法、感受和要求,同时我们说话的方式要恰当,尽量避免发生冲突。

第二,不全面的信息表达。只说出事情的一部分——不把自己的想法、感受和要求说得一清二楚,而是打暗号、小声嘀咕或者含沙射影地说一些模棱两可的话,我们希望别人能够领会我们的暗示和模棱两可的话。但往往是得不到别人的理解。

第三,疏远别人的信息表达。逃避和信息不全面源于害怕受到非议,而传递疏远别人的信息则源于怒气或者缺乏技巧。疏远别人的信息是通过敌对、强硬或者威胁的方式传递的,所以会让对方进行抵抗。不是我们说话的内容,而是说话的方式会疏远别人。我们说话的面部表情、肢体语言和说话的声调极大影响着别人如何解读我们传达的信息。

(2)培养良好的沟通方式。

①要果敢——索取你想要的、有时候能够说不。如果我们不把自己的需要表达清楚,我们到后来就容易愤恨。

②要澄清别人传递的信息。

③要给出积极的反馈。

④要诚实。

⑤要保持冷静。

⑥要认可别人的情绪(声称自己理解别人的看法、感受)。

⑦不要拖延——现在就沟通。

⑧不要揭伤疤。

⑨不要自动抵触。在受到批评时能做出积极反应,是非常优秀的

品质。

⑩不要逃避讨论。

(二)怎样建立和谐的人际关系

1. 形成对人际交往的正确态度

人际交往障碍与不合理认知有较大关系,大致可以分为两类:一类是以他人为中心,太在意别人是否满意和高兴,他们会认为顺从别人是保持友谊的重要方法;另一类是以自我为中心,凡事只从个人利益出发,对他人怀有敌意,他们会认为人人都是自私的,与人不必深交。所以,人际关系问题很容易理解,它无非是这样一个问题的变式:你不喜欢我的做事方式,即使会毁掉我的生活、你的生活或者我们两个人的生活,我仍要这样做。因此,树立互利共赢的正确交往的意识,是建立和谐人际关系的出发点。也就是说,要建立和谐的人际关系,其目标一定是通过表达善意,最终实现和解。

怎样才能做到这点呢? 投之以桃李,报之以琼瑶。圣严法师说:心里放不下自己,是没有智慧;心里容不下别人,是没有慈悲。因此,与人交往要常怀慈悲之心。一方面,要能从内心接纳别人,无论别人是好是坏,是美是丑,这是一种胸怀;另一方面,要扶危济困,力所能及地帮助别人。

2. 学会给予支持和帮助奠定和谐关系的基础

每个人都无权要求或命令其他人一定做什么、怎么做,但是却有权利影响别人做什么、怎么做。许多时候,教师希望采用最直接的手段来改变学生的行为和内心世界,于是批评、惩罚等就派上用场。事实上,批评和惩罚根本改变不了学生的行为:第一,批评和惩罚并不能直接告诉学生到底怎样做,应该做什么;第二,批评与惩罚会导致师生之间情绪上对立,使学生听不进教师的话,教育效果减弱。因此,教师在与学生交流过程中要多用鼓励、支持和帮助,少用批评和惩罚。优秀教师的魅力也恰恰在于让学生感觉良好,而非贬低他们。心理学研究表明,良好的人际关系是幸福感的本质特征。因此,师生间和谐的人际关系,也是教师和学生幸福感产生的重要源泉。

3. 诚实待人

"诚实"是我们中华民族的传统美德。古人再三强调,待人以诚是立身之本;而今党中央更是十分重视精神文明建设,倡导培养青少年的诚实美德。诚实就是重信誉、守承诺,答应过的事情一定努力做到,所谓"君子一言,驷马难追"。因此,不管你追求什么,金钱、爱情、自尊、健康,你都需要人的帮助,当人们坦诚待你,给予你他们的信任,你要得到想要的东西就容易多了。事实上,假如你认识的每一个人,或你遇见的每一个人都相信你说的一切,那么你就能得到你想要的东西。所以,以一颗真诚的心、诚恳和坦率的态度,真心实意地与周围的人交往,这样才能得到别人的认可,获得真正的友情。

小 结

(1)预防厌学的发生,就要积极培养学生的学习兴趣。学习兴趣有一个发生、发展的过程,一般来说是从"有趣"开始,产生"兴趣",然后才向"志趣"发展。学习动机是直接推动学生进行学习的一种内部动力,是激励和指引学生进行学习的一种直接原因。激发学生的学习动机要求学生明确学习的目标;提供成功机会,感受到成就感;提高教学水平,让学生愿意参与学习;给予学生及时和适当的反馈及引导学生对学业失败进行正确归因等。

(2)自信心就是一个人对自己力量的充分合理估计,深信自己一定能够实现所追求的目标。每个学生都应强化自信,受挫不气馁,失败不灰心,顺利不自负。引导学生树立学习的自信,就要学会正确地看待成绩;学会自我肯定;相信努力的力量;正确看待自己的缺点。还可以通过团体心理辅导帮助学生建立学习的自信。

(3)通过开发智力,提升学习能力是预防厌学发生的有效途径。其中学生的注意力、观察力、记忆力和思维能力通过有效方法得到提升,才能使学习过程及结果中减少智力挫折,从而有效预防原生性厌学的发生。

(4)预防干扰性厌学产生最好的方法,就是提升学生意志品质,增强其抗干扰能力:树立"成就取得都要付出代价"的价值观;正确面对学习中的各种挫折；用坚强的意志抵御外界环境中的诱惑和干扰，包括抵御网络、游戏的诱惑，正确对待爱情的诱惑。

（5）迁移性厌学形成，往往是由不良的师生关系或不良家庭关系造成的。人际关系对学生学习具有重要影响，是每个学生人生发展的重要任务之一。要构建和谐的人际关系，一方面要学会与人沟通，即在沟通时必须把握正确的沟通原则，认清不良的沟通习惯；另一方面应形成人际交往的正确态度，学会给予支持和帮助奠定和谐关系的基础，诚实待人。

思考题

1. 培养哪些心理素质，有助于预防原生性厌学？
2. 怎样预防干扰性厌学的形成？
3. 怎样建立和谐的人际关系，预防迁移性厌学的形成？

参考文献

[1] 弗兰科·哈德克.意志力训练[M]. 吴群芳，沈俏蔚，译.北京：中国档案出版社，2001.

[2 黄农文.思考力[M]. 安炳淑，译.北京：金城出版社，2010.

[3] 金钟明，周辉.如何走出厌学的误区[M].上海：华东师范大学出版社，2007.

[4] 理查德·保罗，琳达·埃尔德.批判性思维——思维、写作、沟通、应变、解决问题的根本技巧[M]. 乔苒，徐笑春，译.北京：新星出版社，2006.

[5] 李红玉，何一粟.学习能力发展心理学[M].合肥：安徽教育出版社，2004.

[6] 李兴福.让孩子重新喜欢学习[M].延吉：延边人民出版社，2011.

[7] 林传鼎.智力开发的心理学问题[M].北京：知识出版社，1985.

[8] 卢家楣，魏庆安，李其维.心理学——基础理论及其教育应用[M].上海：上海人民出版社，2004.

[9] 罗伯特·斯莱文.教育心理学理论与实践[M]. 姚梅林，等，译.北京：人民邮电出版社，2004.

[10] 麦凯.如何提问[M]. 江涛，译.上海：上海人民出版社，2006.

[11] 吴增强.学习心理辅导[M].上海：上海教育出版社,2000.

[12] 郑显亮,等.中小学学习方法的理论与实践[M].合肥:合肥工业大学出版社,2005.

进一步阅读文献

[1]《意志力训练》

导读：《意志力训练》是由美国心理学家弗兰科·哈德克著，吴群芳和沈俏蔚译，中国档案出版社2001年出版。该书详尽地阐述了如何利用自己的意志力去实现目标。训练和提升意志力，就能使一个人获得成功的强大动力。只要一个人具有善于自我克制的坚强意志力，他就能承受常人难以承受的苦难，征服常人难以征服的障碍，完成常人难以完成的事业。

[2]《批判性思维——思维、写作、沟通、应变、解决问题的根本技巧》

导读：《批判性思维——思维、写作、沟通、应变、解决问题的根本技巧》由美国心理学家理查德·保罗、琳达·埃尔德合著，乔苒、徐笑春译，新星出版社2006年月出版。该书的核心思想是成功取决于你的思维。批判性思维能力在美国受到特别地推崇，是美国公认的优秀人才的标准之一。无论在美国的著名学府还是在全美顶级企业，选才用才的重要标准便是是否具有批判性思维能力。拥有该能力的人，在创造力、鉴别力、商务沟通能力和解决问题的能力上往往胜人一筹，而且会给企业带来持续发展的动力。培养这种批判性思维能力是美国包括哈佛、耶鲁在内的大学共同的核心教育目标，也是历任美国总统的首要教育目标。对批判性思维的推崇提升了美国高等学府的含金量，也使得接受过该项训练的人，成为炙手可热的人才。本书作者均为国际批判性思维领域的著名专家。本书作为批判性思维的权威著作，被美国各著名学府普遍使用，同时也被采用为顶级企业的员工培训教材。